Indien
Style

Indien
Style

Henry Wilson

Christian Brandstätter Verlag

Für Dr. John,
seine Liebe,
Rücksichtnahme und
Freundschaft

Aus dem Englischen von
Barbara Sternthal

Bibliografische Information der Deutschen Nationalbibliothek
Die Deutsche Nationalbibliothek verzeichnet diese Publikation in der Deutschen Nationalbibliografie; detaillierte bibliografische Daten sind im Internet über http://dnb.d-nb.de abrufbar.

1. Auflage

Graphisches Konzept & Schutzumschlag:
Ros Holder
Lektorat der deutschsprachigen Ausgabe:
Irene Bisanz
Druck & Bindung:
CS Graphics Pte Ltd, Singapore

ISBN 10: 3-85033-091-5
ISBN 13: 978-3-85033-091-6

Christian Brandstätter Verlag
GmbH & Co KG
A-1080 Wien, Wickenburggasse 26
Telefon (+43-1) 512 15 43-0
Fax (+43-1) 512 15 43-231
E-Mail: info@cbv.at
www.cbv.at

Seite 1
Laborgläser, über die Glasreifen gestreift wurden, finden im Haus von Lakha und Anupam Poddar *(Seite 151)* als Vasen Verwendung.

Seite 2/3
Eine sanfte Brise bauscht die Stoffvorhänge in diesem Haus in Delhi. Sie lenken den Blick auf die Tür im Hintergrund und auf Raseel Gujral Ansals berühmtes Webemuster, das sie immer wieder einsetzt. Einen sexy Touch bekommt die ganze Raumkomposition durch den ungewöhnlichen Tisch.

Rechts
Die Innenausstattung dieses Hauses in New Delhi stammt von Raseel Gujral Ansal, das Haus selbst von ihrem Vater, dem Maler, Bildhauer und Architekten Satish Gujral. Die tropfenförmige Vase befindet sich auf einem Podest, das zwei Treppenläufe teilt. Der Blick fällt in jenen Teil, den der Sohn des Besitzers bewohnt: Der Chill-out-Bereich liegt zwischen einer Bar und einer Tanzfläche.

Seite 6/7
Der geradezu asketische, aber dramatische Speiseraum im Haus von Raj und Dinesh Himatsingka *(Seiten 134–139)*. Die Lampen sind präzise positioniert, dennoch wird die Strenge durch die Blumenbank und den weichen Perserteppich mit seinen fließend-organischen Mustern gewissermaßen aufgeweicht.

Seite 8–9
Detail einer geschnitzten Supraporte in einem der großen Häuser aus dem 19. Jahrhundert, das der aus Frankreich stammende Dimitri Klein in einen zeitgenössischen Kontext setzte. Das Haus gehörte einst den Nattukottai Chettiars, eine Händlerkaste in der Region Chettinad im Bundesstaat Tamil Nadu.

Seite 11
Quadrat oben links
Oben links Dynamische Schneckenformen im Appartement von Nirmala Rudhra *(Seiten 72/73)*.
Oben rechts Teller aus der »Akshar«-Kollektion von Sonali Purewals collection, das sie in ihrem Geschäft *Zen Space* in Delhi verkauft.
Unten links Porzellan aus Michael Arams »Lotus«-Kollektion sowie von ihm entworfene Salz- und Pfefferstreuer in seinem Appartement *(Seite 108)*.
Unten rechts Ein südindischer Topf, bemalt von Carol Arnaud-Goddet *(Seiten 112/113)*.
Großes Bild oben rechts
Eine Bronzestatue Krishnas als spielendes Kind. Sie ruht in Satish Guptas Haus *(Seite 32)* auf einem antiken Stoff aus Gujarat.
Großes Bild unten links
Detail eines Freskos im Eingang zu Rajshree Pathys Haus *(Seite 61)*: Vishnu in seiner zehnten und letzten Inkarnation auf Erden als Kalki auf einem Pferd.
Quadrat unten rechts
Eine Collage jener Stoffe, die Raseel Gujral Ansal verwendet

Seite 12
Links Die mit Bronzekacheln verkleidete Wand ist ein Projekt von Rajiv Saini; im Gegensatz dazu steht der reliefierte Bronzebaum mit Blättern, die in Abguss-Technik mit verlorener Wachsform hergestellt wurden.
Rechts Hindu-Götter aus Papiermaché – präsentiert für Rachel und Pritam Singh aus Jaipur.

Seite 13
Links Ein Mogulstil-Gipsrelief im Garten von Romi Chopra in New Delhi.
Rechts Eine von Rathore geschaffene zeitgenössische Skulptur im Haus von Tarun Tahiliani *(Seite 183)*.

Die als Vignetten verwendeten Illustrationen stammen von Henry Wilson.

Einleitung

Im Februar 2006 las man auf der Titelseite der indischen Zeitung *Tehelka* furioses Selbstbewusstsein: »Was gut ist in Indien: Dynamisch. Unverwüstlich. Neu belebt. Uralt. Verwurzelt. Alles in einem. Plural. Singular. Unbesiegbar.« Indien ist in eine außergewöhnliche Ära eingetreten, die aufregendste seit der Unabhängigkeit im Jahr 1947.

Indien ist heute eine Demokratie mit dem weltweit am schnellsten wachsenden freien Markt. Im Jahr 2005 gab es hier mehr als 23 Millionen neu angemeldete Mobiltelefon-Besitzer und vierzig neue Automodelle; 2006 bestellte man in Indien über zweihundert Verkehrsflugzeuge, und die Order für Flugzeugmotoren sind rekordverdächtig. Mit der »Golden Quadrilateral«-Autobahn, sechstausend Kilometer lang, sollen die vier größten Städte Indiens – Delhi, Mumbai, Chennai und Kolkata (für traditionelle Leser: Bombay, Madras und Kalkutta) - miteinander verbunden werden. Nobelmarken wie Chanel und Cartier, die es jetzt auch in Indien gibt, und ihre extravaganten Boutiquen haben das Einkaufen auf eine noch nie gesehene Weise verändert. Über viertausend wichtige multinationale Unternehmen investieren in das Land, während viele andere wie Bienen um den Honigtopf fliegen.

Indien wurde global, und alle wollen dabei sein. Verbannt sind die abgenutzten Bilder eines armen postkolonialen Subkontinents. Dies ist ein modernes Land mit einer jugendlich-kräftigen Stimme, der wir zunehmend zuhören müssen – und nicht nur durch ein Call-Center! Heute präsentiert Indien eine Kultur, die zwar aus seiner Vergangenheit entstand, über die es jedoch hinausgewachsen ist, um so aufregend wie modern unser Leben zu beeinflussen. »New Indian Chic« gibt es überall: Küche, Mode, Musik, Film, als Reiseziel und nicht zu vergessen als Wellness-Programm in Form von Yoga und Ayurveda.

Ihrer eigenen Traditionen und ihres Erbes sicher, können Inder auf ihren kulturellen Reichtum zurückgreifen, beliebig auswählen und die Inhalte experimentell mit den kreativen Konzepten aus dem Rest der Welt kombinieren. Solch eine Spurensuche nach Indiens Geschichte ist ein faszinierender Aspekt, während man auf Entdeckungsreise in den indischen Häusern und Wohnungen, ihrem Design und ihrer Dekoration ist. Es ist ein weites Gebiet und spiegelt den überhöhten, eklektischen, kreativen Geist wider, der aus der Geschichte in die Gegenwart reicht, der vom Bewahren und Restaurieren zu Kreationen für die Zukunft führt.

Die Traditionen kommunalen Zusammenlebens verschwinden, die Familien werden kleiner, besonders im urbanen Kontext. Stattdessen gibt es die Kleinfamilie und Appartements für Singles. Mit steigendem Einkommen reisen Inder in einer Anzahl, die man auch vor ein paar Jahren noch nicht voraussehen hätte können. Beeinflusst wird Indien dabei nicht nur vom Stil seiner Nachbarländer wie Thailand oder Singapur, sondern auch von weit entfernten Gegenden.

Bildlegenden: Seite 4

Immer mehr Inder aus kreativen Berufen lassen sich sowohl lokal als auch international inspirieren. Jahrelang war diese Entwicklung durch den Mangel an Auftraggebern und kommerziellen Abnehmern beeinträchtigt. Aber nun bekommen die Designer dank des neuen nationalen Wohlstands und des hungrigen globalen Markts die nötige Unterstützung. Ihre Visionen konnten sich langsam durchsetzen – sowohl in Indien als auch im Ausland.

Indien exportierte physische Arbeit, gegenwärtig aber sind es intellektuelle, wissenschaftliche und medizinische Kenntnisse, die auf der ganzen Welt gefragt sind. Und völlig unerwartet gibt es heute einen Rückfluss: Alle wollen am meteorgleichen Aufstieg ihres Landes teilhaben, und so kehren viele Inder zurück in ihr Land und inspirieren hier die Menschen mit ihrem importierten Stil und Geschmack. Auch Fremde kommen und nehmen Anteil an den neuen Herausforderungen. Künstler und Designer kommen und bringen ihre westliche Kreativität mit, die einerseits mit der indischen Kultur und ihrem Stil verschmilzt und andererseits von Indiens außerordentlichem kunsthandwerklichem Reichtum profitiert – auf diese Weise entstehen neue, phantasievolle Produkte.

Die Häuser und Wohnungen Indiens reflektieren die geographischen und klimatischen Unterschiede des Subkontinents – die subalpinen Ausläufer des Himalayas, der subtropische Süden, die Wüsten des Westens und die unendlich lange Küste, die all dies umschließt. Und dann sind da noch die starken religiösen Einflüsse

Bildlegenden: Seite 4

und Sensibilitäten, die nach wie vor Einfluss auf die Familien und ihre Wohnungen haben.

Nicht Indiens reichste Familien sind der Motor der Veränderungen, vielmehr ist es der breite Mittelstand, der – wie der Autor Pavan Varma in *Tehelka* schrieb – in einer Art »harmonischen Schizophrenie« lebt: »Der Geist des Mittelstands ist kein Schrank. Er ist eine Kommode. Zieht man eine Lade heraus, findet man die Finger eines Mittelstand-Mitglieds auf der Computer-Tastatur auf dem Weg ins 21. Jahrhundert. Zieht man eine andere auf, gibt sich derselbe obskuren Impulsen hin, die den Computer zweitausend Jahre zurückdatieren ... Für eine Gesellschaft, die so alt ist wie die unsere, ist es nicht einfach, die Vergangenheit loszuwerden, doch die Möglichkeit, in mehr als einer Ära gleichzeitig zu existieren, verleiht enorme Kraft. Angesichts dieser unglaublichen Gegensätze wären die Menschen der meisten Länder dieser Welt wie paralysiert. Nicht so der indische Mittelstand.« Der *puja*-Raum, in dem Familien ihre Gebete sprechen, koexistiert friedlich mit Einrichtungsgegenständen von Gucci.

Nur selten gab es in Indien im Laufe der Geschichte Epochen von solch greifbarem verbindendem Sinn für das gemeinsame Schicksal. Dieses euphorisierende Gefühl wurde jüngst in den Slogan »India Shining« gegossen. Selbst jene, die das Ganze als Sternschnuppe abgetan haben, mussten erkennen, dass das Bild Wirklichkeit wurde: internationale Anerkennung stellt sich als beweisbare Tatsache heraus. Noch nie schien das Licht so hell.

Ein breiter Korridor führt zu den Gästezimmern im Haus von Manju und Sonali Purewal, das an den Ausläufern des Himalayas liegt. Die Umgebung war für das Ehepaar entscheidend, als es darum ging, ein Haus für ihre Familie zu bauen. Errichtet auf einem steinigen Felsvorsprung wird seine Lage durch riesige Glaswände genützt: Es scheint, als müsse man einfach hinausgreifen, um den Wald berühren zu können.

Zukunft Gegenwart

Das Indien des 21. Jahrhunderts hat einen Vorteil, den nur wenige andere Länder besitzen: Hier ist das Träumen in mehr als einer Sprache möglich. Zur selben Zeit kann es einerseits Anregung aus seiner eigenen, reichen Tradition und Kultur aufnehmen, andererseits dank der lange währenden Geschichte vom Wesen des Westens profitieren. Und wie der Westen wurde Indien – metaphorisch gesprochen – nie in seiner Gesamtheit reglementiert, wie das etwa bei seinem größten Nachbarn China der Fall ist. So ist Indien eher ein Land der Individuen, denn eines des Kollektivs.

Indien hatte immer die Kraft, sowohl aggressive als auch passive »Besucher« zu tolerieren und zu assimilieren. Während der letzten tausend Jahre waren darunter Muslims und Christen (als französische, portugiesische und britische Kolonialherrscher und vor ihnen syrische Christen), Juden und Parsen aus dem Iran. Nicht zu vergessen die Invasion der Hippies in den 1960er Jahren. Doch trotz seines Facettenreichtums und der großen Unterschiede innerhalb Indiens herrschte hier länger als in jeder anderen Gesellschaft kulturelle Einheit. Sie verdankte ihre Existenz sowohl auf der geistigen als auch auf der physischen Ebene der hier beheimateten Religion und ihren heiligen Plätzen, die die subkontinentale Halbinsel wie ein feines Netz überziehen.

Toleranz und Assimilation zeigen sich besonders in der Architektur: Die Formensprache der Moguln wurde von den Rajputen übernommen; der viktorianische Stil aus Großbritannien nahm lokale Facetten auf und wurde »indo-sarazenisch«. In jüngerer Zeit adoptierte Indien, und zwar mit beträchtlicher Verve, den Art déco, möglicherweise der erste global gültige Stil überhaupt. Selbst die Staatsführung Indiens erwies sich als reif dafür, mit der Avantgarde zu experimentieren, als man in den 1950er Jahren Le Corbusier einlud, die neue Stadt Chandigarh zu gestalten. Rückt man der Gegenwart noch ein wenig näher, trifft man auf den Fünf-Sterne-Look und den Punjabi-Barock. Der Stil heute präsentiert sich als ein Amalgam aus Extrakten der Vergangenheit, das mit der nationalen und der internationalen Gegenwart interagiert und letztlich den tief sitzenden Wunsch verkörpert, die Zukunft nicht aus den Augen zu verlieren.

Alte Techniken haben viel an Bedeutung eingebüßt. Stein und Holz werden von Stahl begleitet, Glas vereint sich mit Beton, und dank moderner Air-condition-Techniken können Architekten auf traditionelle Ventilationslösungen verzichten. Ungeachtet dessen beziehen immer mehr Architekten, Innenausstatter und ihre Kunden den Schutz der Umwelt in ihre Überlegungen ein.

Zur Zeit wird eine leidenschaftliche Debatte darüber geführt, wie viele globale Stilrichtungen indisches Design verträgt. Das meistverwendete Wort der letzten paar Jahre ist schließlich »fusion«: alles muss offensichtlich »fusion« sein – Essen, Musik, Mode und, natürlich, Interieurs. Andererseits stellt sich Raseel Gujral Ansal, Indiens führende Innenarchitektin, kurz und bündig gegen den Trend: »Fusion ist Konfusion«. Im Gegensatz dazu zelebrieren viele Designer mit Genuss die Herausforderung, mit ihren Entwürfen sowohl dem kulturellen Erbe Indiens als auch der ganz neuen, überragenden globalen Bedeutung des Landes Reverenz zu erweisen. Sie lancieren einen Stil, der den einzigartigen Reichtum indischer Handwerkskunst mit modernem, im Alltag praktikablem Lifestyle verbindet.

So oder so – in Indien herrscht eine geradezu explosive kreative Energie, die lange verborgen war und nun plötzlich wieder in den Vordergrund tritt. Wir befinden uns in einer der aufregendsten Epochen indischer Geschichte, in der die Vergangenheit ihre Zukunft trifft.

In die meisten Häuser muss man erst eintreten, bevor man eine Idee von Stil und Charakter ihrer Bewohner bekommt. Bei Adil Iqbal Ahmads Haus in Delhi enthüllt sich alles bereits, wenn man seinen überdachten Eingang betritt: Bollywood-Filmposter empfangen den Besucher ebenso wie Klassizismus in Form von Möbeln, Deckenbeleuchtung und Teppichen aus Kashmir, eine Ganesh-Gipsstatue, hergestellt wohl in einem *busti* (Dorf) Delhis oder in einer der Vorstädte und gekauft auf dem Gehsteig vor der Tür. An der hinteren Wand prangt das riesige Bild eines mit Blattgold überzogenen Lebensbaums *(Detail rechts)* von dem zeitgenössischen Künstler Osman Bhai aus Jaipur – eine förmliche Explosion fantastischer Blumen, eingefangen in einem breiten, vergoldeten Rahmen. Die Komposition des gesamten Interieurs ist präzise und fein ausbalanciert und ganz zweifellos das Werk eines Meisters seiner eigenen Talente.

Abbild von Lucknow

Uttar Pradesh

Die Bürger von Lucknow, Adil Iqbal Ahmads Heimatstadt, wurden als Feinschmecker gepriesen, die Stadt für ihre Tanzkunst, Poesie und Architektur, für ihre atemberaubenden Textilien und die elegante Kleidung, für ihre Tauben und dafür, dass hier die schönsten Drachen stiegen, und für das königliche Spiel Schach. Ahmad hat diese sublime ästhetische Sensibilität geerbt, und sein Haus reflektiert die reiche Geschichte der Stadt.

Angesichts des globalen Trends zum Minimalismus gibt sich Ahmad unverblümt: »Ich verzweifle noch an diesem Trend, den ich den ›Hong Kong Airport Look‹ nenne. ›Gestorben und zur Hölle gefahren‹, so sehe ich das: seelenlos, nichtssagend und ohne jede Individualität. Die Wände perfekt glatt, die Linien absolut gerade – gibt es sonst noch irgend etwas, das für diesen Stil spricht?«

Ebenso unmissverständlich wie seine Rede ist Ahmads bevorzugter Stil: Er liebt »die behagliche grandiose Zwanglosigkeit englischen Interieurs – Holzscheite für den Kamin, gelagert unter einer vergoldeten Rokoko-Konsole, über der ein Regency-Spiegel hängt. ›Schäbiger Chic‹ umschreibt den Stil, den ich liebe, am besten. Grandeur kann sich auf zwei Räume eines Hauses beschränken, aber die müssen chic sein, irgend etwas Unverwechselbares haben, das sich als eine Verschmelzung von stylish und klassisch erweist.«

Unten Pracht als Konzept ist nichts, wovor Ahmad Scheu hat: »Mich inspirieren Dekorateure wie Alberto Pinto oder Juan Pablo Molyneux, und ich liebe Schlösser wie Blenheim – Opulenz, wohin man blickt, und alles gestaltet, um zu imponieren.« Und doch kann solche Grandezza in bloß zwei Räumen existieren, »es ist nur eine Frage, wie die Dinge kombiniert werden«. Ein gewolltes Durcheinander ist sein Markenzeichen: Der Wandbehang ist ein exquisites Stück *zardosi* (Goldstickerei), einst Teil eines Baldachins, den Ahmad in der Altstadt von Lucknow fand. Der vergoldete Kronleuchter wurde von ihm selbst entworfen und angefertigt. Das Porzellan am Tisch stammt aus China und wurde dort für den Export angefertigt – Ahmad fand es in Hyderabad, seiner Lieblingsstadt in Indien. Die Glasvitrine schließlich und die Stühle rund um den Tisch kaufte er in Pondicherry.

Rechts Die Schwarzweiß-Fotografien erzählen aus der Geschichte von Ahmads Familie, die auf Tigerjagd ging und erstklassige Automobile fuhr. (Ahmads Urgroßvater mütterlicherseits war in England erzogen worden, fungierte als erster indischer Oberster Richter in Britisch-Indien, wurde geadelt und später von Muhammad Ali Jinnah eingeladen, Oberster Richter im neu gegründeten Pakistan zu werden.) Die Stühle sind mit einem aus Italien stammenden Tigerimitat bezogen, die ausladende cremefarbene Schale stammt aus Spanien.

Der Salon des Hauses ist reich bestückt mit Gemälden, Stick- und Tischlerarbeiten sowie Arbeiten von Glasbläsern. Jedes einzelne dieser Objekte repräsentiert meisterliche Technik und jahrelange Arbeit daran, diese Meisterschaft zu erreichen.

Links Der Sofatisch und die Beistelltischchen, die das Sofa flankieren, sind Entwürfe Ahmads und wurden in seiner Werkstätte hergestellt. Die beiden zu Tischlampen umfunktionierten chinesischen Vasen kaufte er in Lucknow. An den Wänden hängt naive Glasmalerei, auf der der Pantheon indischer Gottheiten zu sehen ist. Gesammelt hat Ahmad die Bilder in Südindien, in Bengalen und in Awadh in der Region von Lucknow. Links ist eine Sammlung blauer Parfümflakons aus der Türkei zu sehen.

Links Eines von Ahmads besonders dramatischen Fundstücken kann man in der Eingangshalle sehen: ein von Isaac Snowman angefertigtes Porträt von König George V. Der Lüster stammt aus Murano, wurde jedoch in Delhi gekauft. Ebenfalls in Delhi erstanden hat er die antike Eingangstür, die möglicherweise ursprünglich aus einer Moschee stammt. Der Stuhl und der Konsoltisch entstammen der kolonialen Epoche, der Teppich kommt wiederum aus Kashmir. Und die kleinen signierten Fotografien und Lithografien zeigen Portäts von Mitgliedern der königlichen Familie Groß-britanniens.

Gegenüber Das Zentrum dieses Raumes ist ohne Zweifel der Glasleuchter, der im 19. Jahrhundert von F. & C. Osler of Birmingham hergestellt wurde und später in einem Palast in Rajasthan hing. Ahmads Blick als Sammler ist durchaus eklektisch. Die mythologischen Keramikvögel auf dem Sofatisch stammen aus China, das Sofa aus Pondicherry, der Sofatisch ist zeitgenössisch und kommt aus Delhi, und der große antike Teppich wurde, wie auch vieles andere in diesem Haus, von Häftlingen angefertigt.

Imperial DELHI
INDIA

Links Ahmad zelebriert Farben regelrecht und verwendet sie, um jedem Raum sein individuelles Erscheinungsbild zu geben. Das Himmelbett in einem der Gästezimmer entstand um 1900 und stammt wie auch die Figurinen – indische Gottheiten – am Nachtkästchen aus Bengalen. Das große Gemälde zeigt Krishna und kommt aus Nathadwara in Rajasthan, wo diese Art von Bildern eine jahrhundertealte Tradition hat. Die Stoffe mit ihren intensiven Farben sind samt und sonders auf Seidenbasis hergestellt, der Bettüberwurf ist ein mit Pailletten besetzter, antiker *dupatta* (ein Schal, wie ihn Frauen tragen), und am seidenen Baldachin des Bettes schließlich sind Anhänger aus Kristallglas befestigt.

Gegenüber Das Arrangement auf dem Tisch im großen Schlafzimmer präsentiert denselben eklektischen Reichtum wie das ganze Haus. Im Zentrum steht eine Statuette des Flöte spielenden Krishnas, die von der spanischen Firma Lladró hergestellt wurde. Dahinter eine ungewöhnliche Vase – ein Import aus Europa, dekoriert im Stil des Art nouveau. Der Vorhangstoff mit dem Mohnblumenmuster im Mogulstil stammt von Brigitte Singh *(Seite 172–179)*, und im Vordergrund sieht man eine chinesische Schale im Famille-Rose-Stil.

Oben »Schönen Dingen kann ich einfach nicht widerstehen, und sie zu ›erjagen‹ gehört ebenso dazu wie ihr Arrangement.« An der Wand dieser Halle im oberen Geschoß hängen die ersten »ernsthaften« Stücke, die Ahmad kaufte: ein Set von Drucken mit englischen Landhäusern, die er in Hyderabad kaufte. Der Wandbehang ist eine Hälfte von einem Paar feiner *zardosi*-Stücke, die wohl an den Flanken eines königlichen Elefanten drapiert waren. Und ganz vorne steht eine handliche chinesische Seladon-Schale, die Ahmad ebenfalls in Hyderabad fand.

Links Alles an diesem Haus ist »übergroß«, und viele der Kunstwerke wurden speziell dafür in Auftrag gegeben: Das Bild an der Wand stammt von dem renommierten zeitgenössischen Künstler Satish Gujral, Raseel Gujral Ansals Vater. Die Möbel sind vorwiegend von Casa Paradox, nur die mit Leguanleder bezogene Chaise longue stammt von Fendi.

Rechts Der Boden des Gebetsraums der Familie ist aus Marmor mit Perlmutt-Inlays, ein Markenzeichen Gujral Ansals, denn es ist ihr »kosmisches« Motiv, das sie als zentralen Blickpunkt in den Raum integrierte. Der dramatische Hintergrund ist mit Blattgold-Quadraten belegt.

Chic, cool, urban

Gurgaon, Süd-Delhi

Oben links und gegenüber Der zentrale Salon lebt von starken Kontrasten: dunkles Holz, helle, grob gewebte Stoffe, Lederkissen (Letztgenannte, man kann sie gegenüber im Spiegel sehen, sind von Fendi) sowie Murano-Glas, das sie aufgrund seiner transluzenten und juwelengleichen Qualität und seiner Farbe liebt. Der ganze Raum, in seiner imposanten Größe geschaffen, um zu beeindrucken, ist in zwei Bereiche geteilt. »Es ist harte Arbeit, vorgefasste Meinungen aufzulösen und durch das Bewusstsein für eine bestimmte Vision zu ersetzen. Anzunehmen, meine Interieurs seien minimalistisch, bedeutet, meine Arbeit zu missinterpretieren. Mit unserer reichen Handwerkstradition ist es so einfach, alles zu vergolden und mit Ornamenten zu überziehen. Weniger ist mehr – das heißt aber noch lange nicht minimalistisch.«

Raseel Gujral Ansal und ihr Partner Navin Ansal haben »Casa Paradox« ins Leben gerufen, ein Begriff, um den – geht es um Design und Dekoration – Indiens Top-Industrielle und Prominente nicht herumkommen, wollen sie ein Haus, das ihrem Status entspricht.

Die Methode zu erklären, wie sie arbeitet, lehnt sie ab: »Wissen Sie, das ist, als würden Sie verlangen, aus Joghurt Milch zu machen. Es gibt so viele Einflüsse, die sich verbinden und letztlich in ein fertiggestelltes Projekt fließen. Ich mag Opulenz, aber sie sollte mit einem gewissen Understatement auftreten: Ich sehe meinen Look so, als würde man ein exquisites Paar Diamantohrringe tragen anstatt von oben bis unten mit Schmuck behängt zu sein.

So wie das viele ihrer Auftraggeber tun, bekam sie auch von Mr. und Mrs. Minda *carte blanche*, um ein Interieur zu schaffen, das den Erfolg ihrer Klienten unterstreicht. Die beiden wollten ein Haus mit Innenhof, das auf den ersten Blick sowohl zeitgenössisch als auch westlich wirkt und gleichzeitig von imposanter Größe ist. Mit instinktivem Talent und bemerkenswerter Intuition spricht Gujral Ansal zwei Formensprachen flüssig: die des Westens und jene ihrer eigenen dreitausend Jahre alten Tradition – mit diesem Haus hat sie beide in vollendeter Weise verschmolzen.

Gegenüber oben links und rechts Im Herzen des Hauses liegt ein großzügiger Raum, der sich über zwei Etagen erstreckt und an einen Innenhof oder ein Atrium erinnert. Auch hier arbeitet Gujral Ansal wieder mit Größenverhältnissen, um Dramatik zu inszenieren und Gespräche über Architektur zu provozieren. Hier wird japanische Inspiration offensichtlich (nicht Zen, sondern ornamental), aber auch Einflüsse aus jener Region, die sich von hier bis nach Tibet erstreckt: »Da gibt es eine bestimmte, unverwechselbare Farbsensibilität – voll und lebendig, aber doch mit einem dunklen Unterton.« Reflektiert wird dies in der Beige- und Taupepalette, die sie hier für Ihre Kunden gewählt hat und der sie Perlmutt-schimmer und spiegelglattes Lackleder entgegensetzt.

Gegenüber unten links und rechts Die strikte Maskulinität eines Raums wird mit klug eingesetzten Accessoires gemildert: die ganz unerwartete Hängelampe aus geschliffenem Glas (»Cicatrice« vom italienischen Lampenhersteller Flos) und die glatten, weichen Vorhänge im Speisezimmer.

Rechts In der Lobby mit den massiven Tafelglasfenstern spielt das Licht von draußen über die Oberflächen drinnen. »Mich faszinieren die grenzenlosen Möglichkeiten, die sich aus den unendlich vielen Materialien ergeben, die alle das Potential in sich tragen, sowohl Kontraste als auch Harmonien zu schaffen.« Hier hat sie sich für den Kontrast entschieden, indem sie die glatte metallische Qualität von Chrom den matten Steinwänden gegenüberstellte und ein unregelmäßig geformtes Rindsfell auf dem auf Hochglanz polierten Boden platzierte.

»Ein Teil meiner Arbeit, um die Quintessenz dessen zu erreichen, was ich für das Interieur im Kopf hatte – ein sowohl zeitgenössisches als auch okzidentales Konzept –, war, meine Klienten nach Mailand zu bringen. Ich wollte ihnen die höchsten internationalen Standards vorführen.« Letzten Endes, meint sie, sei ihre Inspiration global, doch mit indischer Sensibilität im Herzen jedes einzelnen Projekts.

Gujral Ansal lässt Räume fließen und Interieurs nahtlos von einem Bereich zum anderen übergehen. So vermeidet sie den Eindruck, das Ganze sei eine Reihen von Boxen. Sie ist der Ansicht, dass es absolut möglich ist, viele unterschiedliche Parameter zu einem großen Ganzen zu verbinden: »Kulturell so reiche Länder wie Indien sind in der Lage, ein Amalgam hervorzubringen, das eine tatsächliche Weiterentwicklung bedeutet. Ich bin überzeugt, dass sich Indien mitten in einem Prozess der ästhetischen Evolution befindet.«

In den Schlafzimmern ist der Raum bewusst in drei voneinander getrennte Bereiche geteilt: das Bett, Regale und ein Schreibtisch sowie ein Sofa mit Tisch und Stühlen. In ihrer jeweiligen Gesamtheit vermitteln diese Räume eine Art Dialektik zwischen Ästhetik und Pragmatismus.

Gegenüber oben und unten Im Schlafzimmer von Mr. und Mrs. Mindas Tochter wird das strenge Zusammenspiel von Kuben durch hellen Stein und Knallrot akzentuiert.

Oben und rechts Die Farb- und Formenpalette des Schlafzimmers der Besitzer ist gedämpfter. Die klaren vertikalen Linien der Vorhänge konterkarieren luxuriöse Details: kontrastierende Oberflächen, sexy Glanz, zerzaust Informelles und ein extravagantes Perlmuttmuster im Betthaupt.

Links Mythologie und Ikonographie des Hinduismus sind wesentliche Inspirationsquellen für Gupta. Hier, rund um einen Bodhi-Baum (selbst ein geheiligtes Symbol), befinden sich Steinreliefs: links ein Abbild der Göttin Kali auf dem Kapitell aus einem Tempel; rechts eine Stele mit Shivas Dreizack sowie einer Nische in der Basis, die als Lampe dient und mit *ghee* (geklärter Butter) gefüllt wird. Ringelblumen sind traditionelle Gaben an die Gottheiten.

Rechts Das Jade-Schlafzimmer. Die Lampe ist eine Idee Guptas, für die er eine über zweihundert Jahre alte Holzsäule aus Kerala verwendete. Die Stoffe und Kissen auf dem Bett wurden speziell bei India India angefertigt, eine Firma für Wohnaccessoires, die von seiner Frau Amita Gupta geleitet wird. Inspiriert sind die Stücke von antiken kambodschanischen Stoffen, die in einer zeitgenössischen Interpretation reproduziert wurden. Das Bild *Journey* über dem Bett stammt aus Guptas Serie »Transformation«.

Die Kunst der Versenkung

Gurgaon, Süd-Delhi

Mit einem Kunststipendium kam Satish Gupta in das fiebrige, explosive Paris des Jahres 1970 – ein berauschender Cocktail für einen idealistischen jungen Mann aus einer Familie des oberen Mittelstands Delhis. Angewidert vom Vietnam-Krieg nahm er regelmäßig an den Demonstrationen teil und ebenso regelmäßig war er deshalb auf der Flucht vor den Polizisten. Wenn er nicht gerade studierte oder demonstrierte, machte er mit zwei Freunden Straßenmusik: Daniel Millet, der Sitar spielte, und einem anderen Freund, der sang. Während sie so durch Paris zogen, entdeckte Satish Gupta eines Tages bei einem Buchhändler gegenüber von Notre Dame eine Einführung in die Philosophie des Zen.

Daniel Millet wurde Architekt und blieb ein guter Freund, der Gupta zur Seite stand, als er sein Studio und Wohnhaus zu bauen begann. Das Buch über Zen war dabei das verbindende Glied: Bei beiden hatte es eine ihre Arbeit und ihren Lebensstil beeinflussende Faszination ausgelöst. Heute ist Gupta einer der führenden zeitgenössischen Künstler Indiens – ein veritabler Renaissancemensch: Maler, Poet, Bildhauer.

»Dieses Haus zu bauen, war ein langer Traum von mir – es ist, als würde man eine Skulptur schaffen, um in ihr zu wohnen. Jahrelang arbeitete ich mit einem winzigen, genau eingeteilten Budget – immer nur ein Raum nach dem anderen –, um es so zu gestalten, wie es jetzt aussieht.« Gupta erklärt seine Vision des Hauses als

Gegenüber Mit den in neutralem Weiß gehaltenen Wänden ist das Speisezimmer der Familie bewusst asketisch gehalten. Gupta verwendet diesen Bereich, um Gemälde und Skulpturen auszustellen. Tisch und Stühle entstanden nach einem Entwurf Guptas bei einem lokalen Schmied, die Tischplatte ist aus Makrana-Marmor aus Rajasthan. Das Bild der Göttin Kali stammt aus seiner Serie »Cosmic Matrix«. Die Paravents, stilisierte Bäume mit dem Titel »Autumn Forest«, sind aus Eisen und Messing gefertigt, wobei die Messingblätter beim geringsten Luftzug rascheln. Sie repräsentieren die mit *ghee* gefüllten Lampen, die entzündet auf den großen heiligen Fluss gesetzt werden, um Mutter Ganges zu ehren.

Oben rechts Das Blatt stammt von einer Installation rund um einen Kupfer-Buddha, der ihn im Augenblick der Erleuchtung zeigt.

Gupta reiste immer wieder nach Rajasthan, um hier für seine Bildserie über diesen Staat zu recherchieren. Dies zeigt sich inklusive gewählter Wandfarbe in der Gestaltung des Empfangssalons. Wenn er aus Rajasthan zurückkehrte, brachte er immer wieder Möbel und kleine architektonische Fundstücke mit: Das traditionelle Bett aus Holz und Tauen, das hier als Sofa Verwendung findet, stammt von den nomadischen Banjaras, weniger respektvoll indische Zigeuner genannt, während die Stühle und der niedrige Tisch aus der Region Shekhawati in Rajasthan stammt. Die Kissenbezüge sind traditionelle Stickarbeiten aus Gujarat. Der große Topf links hinten ist ein Entwurf Guptas, den er für die Boutique Prakriti in New Delhi anfertigte. Die anderen Töpfe stammen aus Gujarat und waren wahrscheinlich Vorratsgefäße für Getreide und Öl. An der Wand hängen zwei *pad*-Gemälde aus Orissa, die die Geschichte des Affengottes Hanuman aus dem hinduistischen Heldenepos *Ramayana* wiedergeben sowie ein Glasbild Krishnas.

einen Ort, den man nur sehr langsam erkundet: »Es ist, als würde man einen Menschen kennenlernen, an dem sich bei jedem Wiedersehen neue Seiten eröffnen.« Die verschiedenen Räume reflektieren die verschiedenen Phasen von Guptas Arbeit, die Ausstattung sein Wesen: seine Liebe zu Rajasthan, sein tiefes Interesse am Zen-Buddhismus und am Buddhismus, wie er in der Himalaya-Region gelebt wird, sein lange genährter und letztlich realisierter Traum, den Fernen Osten zu sehen.

Das Haus ist klar in den Galerie- beziehungsweise Ausstellungsbereich und den Wohnbereich geteilt, die durch die Bibliothek sowohl als physische als auch als metaphorische Brücke verbunden sind. In jedem Winkel des Hauses ist eine alles durchdringende Spiritualität zu spüren. Und obwohl Gupta im formellen Sinn keine Religion ausübt, bekommt sie durch sein Werk eine greifbare Form.

Bereits die unregelmäßigen, maulbeerfarbenen Wände der Eingangshalle, die man oft in buddhistischen Klöstern im Himalaya sieht, reflektieren Guptas Interesse an Hinduismus und Buddhismus. Die mythologischen Löwen stammen aus Südindien, wo sie einst als Tempelwächter dienten. Sie ruhen auf den Kapitellen eines *haveli* (Kaufmannshaus) in Rajasthan ebenso wie die glasierten Keramikamphoren, die Gupta in Gujarat fand. Sie waren möglicherweise Schiffsballast und sind so Teil der uralten Seehandelstradition mit Ostasien. An der Wand befindet sich ein Holzschrein aus Gujarat, der früher im Gebetsraum eines Privathauses hing; er dient als Rahmen für die Messingstatue Garudas aus Nepal, woher auch der zeitgenössische *tangkha* (religiöse Bilder auf einer Baumwollleinwand) rechts stammt. Ganz links ist ein Teil der exquisit skulptierten Fassade eines *haveli* in Pokaran, Rajasthan, zu sehen, die abgenommen werden sollte, um durch eine Betonkopie ersetzt zu werden. Gupta kaufte einfach das ganze Gebäude und verwendete Teile daraus überall in seinem Haus.

Fiesta Internacional de la Poesía
Ardentísima 96

Die Bibliothek ist Guptas innerstes Heiligtum, wohin er sich zurückzieht, um zu meditieren und sich Neues auszudenken. Zwei Wände des Raums sind mit Büchern bedeckt, deren Themen von Gartendesign bis zu Metaphysik reichen.
Tisch und Stühle sind ein Entwurf Guptas und wurden von einem Tischler aus lokalen Hölzern hergestellt. Unter seiner Glasplatte hat der Tisch kleine Nischen, in denen Gupta seine Schätze außergewöhnlicher Ästhetik aufbewahrt. Auf dem Tisch steht die Terracotta-Statuette eines Mönchs neben einer Blumenvase aus Granit, die Jivi Sethi und Viki Sardesai für ihr Design Laboratory *(Seite 90)* angefertigt haben. Die Hängelampe ist improvisiert: Gupta brachte Reispapier am Metallschirm an, um einerseits das Licht zu dämpfen und andererseits die Form weicher zu machen.
Auf dem Fußboden hinter dem Tisch sind drei antike Kalighat-Bilder Shivas zu sehen. In der Nische des Bücherschranks hängt ein rares *tangkha* aus Bhutan; darunter steht eine *yab-yum*-Darstellung: eine weibliche und eine männliche buddhistische Gottheit in einer tantrischen Position, deren Vereinigung keine erotische Aussage hat, sondern die Aufhebung aller Gegensätze symbolisiert. Das bei den Newar (eine nepalesische Ethnie) gefundene *yab-yum* ruht auf einem buddhistischen Gebetsbuch, das in einen orangen Stoff gewickelt ist. Und an der hinteren Wand schließlich hängt über einer tibetanischen Kommode die Robe eines adeligen Chinesen aus dem 19. Jahrhundert, die Gupta in Nepal fand.

Links Mitten im üppigen Grün wurde dieser Frühstückstisch gedeckt. Dahinter ist das Gästehaus zu sehen. Die Vase mit dem bunten Blumenstrauß mitten auf dem Tisch ist nur für Europäer ein selbstverständlicher Anblick – für Indien ist er absolut exotisch.

Rechts Das Wohnzimmer. Die Umrandung des offenen Kamins ist ein Werk Khares und reflektiert Grewals Liebe zu allem, was mit Ornithologie zu tun hat *(Detail gegenüber)*. Darüber hängt ein Porträt von Khares Tante und links ein Liliendruck von der britischen Blumenmalerin Jenny Jowett. Für die beiden Lampen wurden zeitgenössische Milchkannen aus Zink und Eisen verwendet, die Khare bemalt und vergoldet hat. Der große Tontopf links stammt aus China und wurde einst dafür verwendet, Pickels und Gewürze zwischen Indien und dem Fernen Osten zu transportieren.

Feudales Idyll am Fuß der Berge

Dehra Dun, Uttaranchal

Dehra Dun in den Himalaya-Ausläufern gilt als Zuflucht für die Bewohner Delhis, wo die Temperaturen im Sommer auf bis zu fünfzig Grad Celsius steigen können. Dort, in Dehra Dun, haben sich Alpana Khare und Bikram Grewal ihr neues Landhaus gebaut, und zwar auf knapp drei Hektar Land eines Hügels, der terrassenförmig zu einem eiskalten Fluss hin abfällt. Beide sind im internationalen Verlagswesens tätig, haben bereits in London gelebt und reisen nach wie vor regelmäßig geschäftlich nach Europa. Grewal ist Ornithologe und leidenschaftlicher Gärtner, Alpana ist ausgebildete Grafikerin und Malerin, und beide sind passionierte Antiquitätensammler. So muss ihr Haus sowohl eine bemerkenswerte Möbelsammlung als auch eine aus Blumen- und Pflanzendrucken beherbergen, und all das in einem Ambiente, das vom Garten dominiert wird.

Ihr letztes Haus in Dehra Dun wurde irgendwann regelrecht von der ständig größer werdenden Stadt geschluckt. Jahrelang, immer ein neues Haus im Kopf, durchkämmten die beiden Indien auf der Suche nach dekorativen antiken Bauteilen und Antiquitäten aus der Kolonialzeit. Letzten Endes konnten sie damit drei Lagerhäuser füllen: »Diese immens inhomogene Sammlung unter einen Hut zu bringen, war eine Herausforderung. Entweder würde sie sich als wundervoller Cocktail erweisen oder als bizarres Desaster«, erzählt Khare. Ihr schönes Haus in dem an englischen Country-Stil erinnernden Garten haben sie *Shaheen Bagh* genannt: Der Garten des Falken.

Gegenüber Khare und Grewal wollten ein behagliches und unkompliziertes Haus »für Familie, Freunde, die Kinder und zumindest neun Hunde schaffen, das sich so komfortabel wie diskret in das Ambiente fügt«. Das Wohnzimmer vermittelt mit seiner Höhe über zwei Etagen und der riesigen Bibliothek auf der Galerie, die sich über drei Seiten der Halle erstreckt, eine feudale Atmosphäre. Der beeindruckende geschnitzte Rosenholzgiebel und die beiden Säulen an der Wand gegenüber stammen aus Kochi, Kerala, wo sie einst den Eingang eines Hauses schmückten. Der mit Spiegeln versehene Sekretär auf der rechten Seite stammt von einem Trödelmarkt in Delhi, der Lüster aus einem Palast in Rampur, Uttar Pradesh. Das große hölzerne Winkelornament stammt aus einem parsischen Stadthaus in Mumbai, und die verschiedenen Keramikstücke auf dem niedrigen Tisch hat das Ehepaar im Laufe der Jahre auf seinen Reisen nach Spanien, Frankreich und England gesammelt. Der Kelim schließlich stammt aus Afghanistan.

Küchen sind normalerweise der am schlichtesten eingerichtete Raum indischer Häuser. Bei Khare und Grewal, beide große Genießer, ist das anders: Sie sind besonders oft in der Küche ihres Hauses anzutreffen, oft mit Freunden aus Europa, die Kochkunst so zu schätzen wissen wie sie selbst. Die Wandfliesen, Ergebnis jahrelangen Sammelns, sind eine Mischung aus chinesischen, japanischen und britischen Importen, viele davon aus dem 19. Jahrhundert. Die geschnitzten und bemalten Eckornamente sind Fundstücke aus Chennai. Holz und grüner Marmor aus Vadodara (Baroda, Gujarat) wurden für die Arbeitsflächen verwendet.

zara
EMPEROR

Ein spektakuläres Badezimmer war etwas, worauf Grewal in seinem neuen Haus kompromisslos insistierte. Es ist durch einen lackierten, mit Kranichen geschmückten Paravent in zwei Bereiche geteilt. Das Stück ist zeitgenössisch und die beiden haben es von einem japanischen Diplomaten in Delhi erstanden.

Links Auf dem Waschtisch befindet sich ein kleiner Teil aus Khares riesiger Emailsammlung, die von der Händlerkaste der Chettiars in Chettinad, Tamil Nadu, in den 1930er Jahren importiert wurde. Im Hintergrund weitere Beispiele aus Grewals Sammlung botanischer Drucke aus der späten britischen Kolonialzeit. Wo immer er auch hinfährt sucht er nach solchen detailreichen Drucken und Gemälden von Blumen und Blättern.

Rechts In jenem Teil des Badezimmers, wo sich die ausladende, im Boden eingelassene Badewanne aus grünem Baroda-Marmor befindet, gab Khare dem Vorschlag des Architekten nach, riesige Tafelglasfenster zu installieren. Der Blick in den kleinen privaten Garten mit dem Lotusteich und auf die Hügel dahinter ist unvergleichlich. Von hier aus kann Grewal den Luxus genießen, jene 370 Vogelarten zu beobachten, die den Garten im Laufe des Jahres bevölkern. Bereits geraume Zeit, bevor der Bau des Hauses in Angriff genommen wurde, hat er über fünftausend Obstbäume gepflanzt und kleine Rabatten und Terrassen mit Hunderten von Blumen angelegt.

Gegenüber Die ungewöhnliche Himmelbettsammlung stammt vor allem aus der Region um Chennai, wo diese Betten vor etwa hundert Jahren unter den Rajas einen ganz eigenen Stil entwickelten. Bei einem Tischler ließ Grewal hier zwei Einzelbetten behutsam unter einem hölzernen Gitterbaldachin vereinen. Die Pflanzendrucke über dem Kopfteil des Betts reflektieren einmal mehr seine Liebe zur Natur.

Viele für dieses Haus hergestellte Details sind neuartig und höchst experimentell. Dazu gehört auch die doppelt breite Eingangstür, die an ihrer Außenseite mit »verwobenen« Kupferbändern verkleidet ist *(Seiten 16/17, 44 und 45)*.
Die Auftraggeber wollten an keiner Seite der Eingangstür solide Wände, weil dies den Raum dahinter verdunkelt hätte. So kam Anastasio auf die Idee mit den Gittern. Und weil diese nicht abweisend wirken sollten, wenn man auf das Haus zukommt, erfand er sich wiederholende Muster, die überall den Eindruck erwecken, als würden sie aus Bambus bestehen.

Luft und Licht in der City

Südindien

Dieses Haus einer Familie in Südindien ist das Ergebnis einer engen Zusammenarbeit zwischen den Eigentümern, dem in Mumbai und New York beheimateten Rahul Melotra und dem italienischen Innenarchitekten und Lichtexperten Andrea Anastasio.

Melotra setzte sich damit auseinander, eine Balance zwischen dem Bedürfnis nach Privatsphäre inmitten einer quirligen Stadt und der Kreation eines introspektiven Raums zu schaffen, der nichts weniger als »so schön wie nur irgend möglich« sein sollte. Seine Klienten wollten keine Air-Condition und zogen Natürlichkeit sowie eine flexible Beziehung des Innenraums zum Garten draußen vor. Nachdem sie einige Zeit in Europa verbracht hatten, wollten sie ein Haus haben, das sowohl ihre kosmopolitische Ästhetik widerspiegelt als auch die Quintessenz ihrer eigenen Kultur und Traditionen.

Anastasio löste zwei der von den Auftraggebern gestellten Aufgaben – die Liebe zu Offenheit und Licht, aber auch zur Privatsphäre –, indem er Sicherheitsstreben in Gitter, Reminiszenzen an die durchbrochenen Steinwände der Mogularchitektur, oder Jalousien verwandelte: Ihre abstrakte Form erinnert an den in Südindien omnipräsenten Bambus. Das Resultat ist ein Haus, das nachts einer Laterne gleich blinkt und tagsüber wirkt, als würde das Licht gefiltert durch einen schützenden Wald einfallen. Die Verwendung von glattem venezianischem Stucco an den Innenwänden ist wie ein zeitgenössisches Echo indischer Tradition – und in jedem Fall genial.

Gegenüber Der zentrale Empfangssalon. Rahul Melotra verstärkte das Gefühl von Weite in seiner Planung, indem er einen illusionistischen Kunstgriff vollzog, der verhindert, dass man irgendwo auch nur den Eindruck hat, von Wänden eingeschlossen zu sein: die Wand zum Garten besteht ganz aus Anastasios »Bambus«-Design, wobei die Eisenstäbe in diesem Fall auf großen Schiebetüren angebracht sind. Die italienischen Möbel sind niedrig: die »Donut«-Sessel und das Sofa, von B&B, vermitteln durch die dunklen Bezüge klare Formen. Die durchsichtigen neonfarbenen Tischchen wurden speziell für dieses Haus in Indien hergestellt. Gemeinsam schaffen Sessel, Sofa und Tische eine Formencollage, die eine pragmatische Möblierung in eine Kunstinstallation transformiert. Für den Boden wurde überall Marmor aus Rajasthan verwendet – er verändert sich nicht und fühlt sich immer angenehm kühl an.

Unten und rechts Das zweigeschoßige Atrium wurde geschaffen, ohne Licht oder Luftigkeit zu opfern. Die Klienten wollten einen modernen, aber sehr sparsam dekorierten Raum. Innerhalb dieser stillen Hülle wurden mit ebenso symbolischen wie dekorativen Objekten Highlights kreiert, die die Präsenz Indiens verstärken. In jedem der von allen genutzten Bereiche befindet sich eine bemerkenswerte Bronze- oder Steinskulptur: *unten* ist es ein aufrecht stehender Ganesh, *rechts* ist es eine wunderschöne Bronze der im Jainismus verehrten Göttin Sarasvati.
Es sind diese beiden klar differenzierten Pole, denen in diesem Haus Raum gegeben wird: einem internationalen, modernen Hintergrund und einem Fokus auf die Hochkultur Indiens. Die Herausforderung, erklärt Melotra, besteht darin, einen Pluralismus zu entwickeln, in dem beide Formensprachen gleichwertig existieren. Dies, denkt er, ist die Basis für eine wahrhafte Synthese und gleichzeitig seine unermüdlich wiederholte und scharfe Antwort auf das übermäßig gebrauchte Wort »fusion«.

Gegenüber

Oben links Detail der Eingangstür, die mit unterschiedlich breiten Kupferbändern verkleidet ist, die verwoben wurden, um eine Oberfläche zu produzieren, die so lebendig wie taktil ist.

Oben rechts Im Treppenhaus sind die Metallpfosten in willkürlichen Winkeln fixiert und erinnern an abstrakte Baumstämme, womit sie die »Bambus«-Gitter ergänzen. Das Finish der Wand besteht aus Blattsilber.

Unten links Eine schmale Regalfläche verschwindet fast vor der Wand aus Stucco veneziano, eine innenarchitektonische Raffinesse, die das ätherische Flair des Interieurs intensiviert. Auf der Leiste steht eine Hängelampe mit einer Flöte spielenden Krishna-Figur. sie stammt aus Kerala, wo sie als Lichtquelle eines Tempels diente.

Unten rechts Die »Bambus«-Metallarbeiten filtern das einströmende Tageslicht; nachts hat man den Eindruck, eine blinkende Laterne zu sehen. Die runde Form des chinesischen Gefäßes bildet einen attraktiven Gegenpol zur rechtwinkeligen Geometrie der Gitter und Schatten.

Oben

Die organische Geometrie begleitet den Besucher von dem Augenblick an, in dem er das Haus betritt. Die Eingangstür liegt nach hinten versetzt in einigem Abstand von der Auffahrt. Im Vordergrund sieht man ein altes südindisches, *urili* genanntes Gefäß, in dem ursprünglich Reis für Feste gekocht wurde. Hier ist es mit Wasser gefüllt, das jeden Morgen mit frischen Frangipaniblüten und anderen Blumen bedeckt wird.

Ganz oben Stühle von Philippe Starck, so diskret wie praktisch, verschmelzen mit dem Hintergrund – so wie die zarten Regalflächen, die im ganzen Haus verlaufen.

Oben Ein Schlafzimmer im Erdgeschoß. Die Wand hinter dem Bett (angefertigt in Coimbatore, Tamil Nadu) ist mit verwobenen Holzstreifen verkleidet, eine Variation jenes Motivs, das die Eingangstür schmückt.

Rechts Der Speiseraum. Auf dem Tisch – italienisches Design und indische Auftragsproduktion – sind silberne *thalis* (Teller), *katoris* (Schüsseln) und Becher zu sehen. Die Stühle sind Entwürfe von Philippe Starck, der wundervoll geäderte Marmor stammt aus Rajasthan, die Messingleuchter aus Tamil Nadu.

Links Eine antike Lampe aus Nairs Heimatstaat Kerala dient als Blumenschale. In Tempeln – gefüllt mit gerollten, in *ghee* getauchten Baumwolldochten – leuchten sie in der Dämmerung.

Rechts Der Meditationsbereich liegt am höchsten Punkt des Hauses, dort wo es an die Hügel grenzt. Der an drei Seiten geschlossene Raum öffnet sich nach vorne durch elegant geschwungene Fächerbögen. Die tiefen Nischen sind nicht nur dekorativ, sie dienen auch als Abstellflächen. Die beiden Hocker sind Antiquitäten aus Rajasthan, der *charpoy* (ein Bett aus Holz und Seilen), an dessen oberen Enden Messingleuchten aus Kerala stehen, ist neu. Der Bettüberwurf und auch die Kissenbezüge wurden in Nairs Firma Soma entworfen und handbedruckt.

Ein Rajput-Haus, restauriert

Jaipur, Rajasthan

»Hätte ich auch nur im Entferntesten geahnt, was mich erwartet, ich hätte mich umgedreht und wäre davongerannt«, erzählt Radhakrishnan Nair von der Herausforderung, ein Herrenhaus aus dem 19. Jahrhundert namens Ninda Haveli instand zu setzen. Und er fügt hinzu: »Ich danke Gott für meine tollkühne Jugend!« Fünfzehn Jahre lang haben ihm Beharrlichkeit, Ausdauer und Gelassenheit dabei geholfen, ein zwar vollständiges, aber völlig verkommenes Herrenhaus in Rajasthan wiederzubeleben.

Der ursprünglich aus dem subtropischen Kerala stammende Nair zog in das Land der Wüstenprinzen, wo er Soma leitet, eines von Indiens berühmtesten Stoffdruck-Unternehmen. Heute könnte er sich seinen Unterhalt durchaus auch als Bauingenieur verdienen, der über immense Materialkenntnisse verfügt.

Jahrelang haben Nair und seine kanadische Frau in einem Zelt gelebt, um die Restaurierungsarbeiten des seit fünfzig Jahre leer stehenden Gebäudes zu leiten. Heute kann Nair über seine anfängliche Ignoranz und über seine Leichtgläubigkeit ebenso lachen wie über die verborgenen Skorpione – im tatsächlichen wie im übertragenen Sinn in Form von Händlern –, die den Fortschritt der Arbeiten erschweren. »Ich war von der ersten Skizze an involviert und habe viel gelernt – aber es hat sich gelohnt.« Denn Nair hat nicht nur ein wunderschönes Haus geschaffen, er hat auch ein wesentliches architektonisches Erbe gerettet.

Gegenüber Die prunkvolle Fassade des *haveli*. Ein Großteil dieser attraktiven Front war einsturzgefährdet. Nair engagierte einen Steinmetz und stellte sie mit traditionellen Methoden und Materialien in vier Stufen wieder her. Wo es notwendig war, wurden Steinteile neu gemeißelt und optisch gealtert, damit sie in das Ganze passten. Dazu gehören zum Beispiel die Stützen der *jharoka*, des zweigeschoßigen Balkons, essentielles Element eines *haveli*, das sowohl der Dekoration als auch als Aussichtsplattform dient. Übersehen sollte man auch nicht die *chhajjas*, ausladende Dachvorsprünge, die vor der Sonne des Sommers ebenso schützen wie vor dem Monsunregen.

Oben In diesem Zimmer musste Nair die Nischen in der Rückwand rekonstruieren. Auf dem Boden liegen traditionelle weiße Matratzen und Nackenrollen, zu denen Nair Kissen fügte, die mit Stoffen aus seiner Fabrik bezogen sind. Für die Tische verwendete man *urili* – südindische Reisschüsseln –, auf die Glasplatten gelegt wurden. Der altmodische Ventilator wurde in Varanasi angefertigt.

Gegenüber oben Aufgrund der vielen Skorpionnester – besonders aggressive Exemplare konnte man nur mithilfe eines Schlangenbeschwörers loswerden – ging die Arbeit hier sehr langsam voran. Der sich bauschende Vorhang beweist Luftzug – eine goldene Regel jeglicher traditionellen indischen Architektur. Der Jute-Dhurrie wurde – so wie die meisten anderen Teppiche in dem Haus auch – in Jodhpur gewebt.

Gegenüber unten Das Schlafzimmer betritt man durch traditionelle Doppeltüren mit Messingbeschlägen. Ebenso wie die Tischchen neben dem Bett wurden die Türen von einem lokalen Tischler hergestellt. Die Truhe am Fußende wurde in einem alten Möbelgeschäft in Jaipur erstanden, der Bettüberwurf ist ein Soma-Stück. Und nur der von der Decke hängende Sari mildert die Strenge der glatten Wände.

Aditi The Living Arts of India

Oben Ein Detail der oberen Terrasse, die über dem Innenhof *(links)* liegt. Die Tischdecke und die Servietten stammen aus Nairs »Lotus«-Kollektion. Von den traditionellen *thalis* aus Messing werden die Speisen eher mit der rechten Hand denn mit westlichem Besteck gegessen. Diese Terrasse wird in den Wintermonaten genutzt, wenn Freunde zum Lunch kommen und fast das ganze Jahr über für Dinners. Sie ist ein idyllischer Ort – still und abgeschieden hat man von hier einen weiten Blick über die wilden Hügel und nachts auf einen prächtigen Sternenhimmel. Nair schätzt die Patina an der original belassenen Oberfläche der Wand. Da und dort waren Reparaturen unumgänglich, was Nair, der gerne mit dem Kontrast zwischen alt und neu lebt, nicht stört: »Das Neue wird ganz natürlich und auf seine Art verwittern.«

Links Wie die meisten *havelis*, in denen immer die ganze Großfamilie lebte, hat auch Ninda zahlreiche Innenhöfe. In den großen kamen alle und auch Gäste zusammen, die kleineren waren den einzelnen Familien vorbehalten. Weil Ninda auf einem Hügelrücken erbaut wurde, gibt es zusätzlich Dachterrassen auf verschiedenen Ebenen. Nair, der sich im Freien oft wohler fühlt als in geschlossenen Räumen, plante diese Terrassen so, dass sie alle zu verschiedenen Zeiten des Tages und des Jahres benutzt werden können. In diesem Innenhof setzte er alles daran, den Baum zu retten: Er spendet nicht nur den unbezahlbaren Schatten, sondern zieht auch Vögel aus den Hügeln an. Hier nimmt Nair nach den Ausritten meist seinen Tee – entspannt und meilenweit entfernt von den Anforderungen seines Handdruck-Geschäfts in Jaipur.

Unten und links Das nahe am Haus liegende »Wohnzimmer unter freiem Himmel« mit den niedrigen Sitzgelegenheiten und den schlichten weißen Bezügen spiegelt Patels Gujarat-Wurzeln wider: dieses Ensemble wird *gadda* (Matte, Matratze) genannt und dient sowohl als Sofa als auch als Bett und Essplatz. Im Zentrum des Tisches steht eine Bettelschale; die beiden mythischen Vögel, bemalte und vergoldete Holzschnitzarbeiten, stammen aus Südindien. An der Wand hängen zwei Gemälde (*links* Krishna und seine Begleiter), die Patel in den 1980er Jahren bei Künstlern in Tanjore in Auftrag gab, die die Kunst religiöser Glasmalerei bewahren. Als Reverenz an die Götter werden jeden Morgen frische Blüten-Girlanden um die Bilder gehängt.

Rechts Detail einer aus Mahabalipuram stammenden Granitstatue des Sonnengottes Surya.

Tropische Finesse

Alibagh, Maharashtra

Pinakin Patel wurde in eine große Familie aus Gujarat – die Mafatlall, eine der reichsten Baumwollspinnerei-Besitzer Indiens – hineingeboren und wuchs zwischen Art déco und dem verfeinerten Geschmack aristokratischer Gujaratis auf. Seine Arbeit als Architekt und Möbeldesigner hat sich, erklärt er, mit dem Alter und den Erfahrungen entwickelt: »Ich erkannte, dass Luxus gewöhnlich ist. Das Vornehme, das Feine liegt im Schlichten. Deshalb wurde mein Stil zunehmend sparsamer – das hat mein Leben verändert.« Heute ist er sich ganz sicher, dass weniger nehmen – von Menschen, von der Gesellschaft, vom Planeten Erde – und mehr geben der richtige Weg ist.

Vor sieben Jahren zogen er und seine Frau aus Mumbai nach Alibagh: »Ich war dabei, mich im Betondschungel zu verlieren. Hier in Alibagh habe ich mich im Wald wiedergefunden: Das Wort hat für mich eine metaphysische Konnotation, die unter anderem bedeutet, dass man sich in den Atem der Natur einbindet und in das einfache Leben. Dieses Dasein mitten in der Natur ließ in mir ein Gefühl der Freude wieder aufkeimen, das ich bereits verloren glaubte. Die Natur erneuert sich ständig selbst. Und das ist der essentielle Impuls für meine gesamte Kreativität.« Dabei ist Patel internationalen Einflüssen gegenüber durchaus offen und bewundert speziell die Architekten Geoffrey Bawa, Christian Liagre, John Pawson und Ed Tuttle zutiefst.

Oben rechts Abgesehen von dem behaglichen Salon im Freien *(gegenüber)* hat Patel einen Essplatz eingerichtet, der im subtropischen Klima Alibaghs oft benutzt werden kann. Die Blumen wurden von der Familie arrangiert. Das Porzellan ist von schlichtem Weiß und wurde in Jaipur hergestellt, die Stühle um den Tisch stammen aus Südostasien. Im Hintergrund sieht man vier aus Rosenholz geformte Säulen, die ursprünglich in der südindischen Region Chettinad als Stützen einer Veranda dienten. Tagsüber spenden die Bäume nicht nur Schatten: das Spiel des Sonnenlichts zwischen den Blättern belebt und verändert den Platz ununterbrochen. Patel ist von dieser natürlichen Umgebung und ihren lebensspendenen Kräften hellauf begeistert.

Eine breite Diele verläuft über die gesamte Länge des Hauses und trennt die privaten Bereiche von den Ateliers und Büros des Architektur- und Designunternehmens Patels. Der Steinboden ist aus unbehandeltem Shahbad, einem kostengünstigen Bodenbelagsmaterial aus Kalkstein, angefertigt. Der 1950er-Jahre-Schreibtisch aus geschnitztem Rosenholz stammt aus der Region, die emaillierte Kupferskulptur darauf hat Patel in Chennai gekauft. Die großen Vasen sind chinesisches Sang-de-bœuf-Porzellan. Und ganz hinten in der Diele sieht man eine antike Mahagonikonsole mit einer Marmorplatte.

Oben Aus dieser Kombination von Speisezimmer und Bibliothek hat man einen freien Blick in den formellen Empfangsraum. Die gesamte Möblierung beider Räume wurde von Patel entworfen und wird in seinem Geschäft »Pinakin« in Mumbai verkauft. Die Trophäe mitten auf dem Tisch – »gekauft, nicht gewonnen« – ist aus englischem Silber, und das kleine Bild an der Wand stammt von dem indischen, in Paris lebenden Künstler Sakti Burman.

Rechts Durch die dominante Verwendung von Weiß und Silber bekommt der Empfangsraum ein nahezu klösterliches Flair. Das Gemälde an der Wand ist ein Werk von Akbar Padamsee, einem in Mumbai lebenden Künstler. Der Buchständer im Zentrum ist die Reproduktion eines antiken Stücks, die große versilberte Vase dagegen kann man in Patels Geschäft kaufen.

Für die Ausführung seiner Entwürfe engagiert Pinakin Patel ausschließlich Handwerker. Denn er ist der Ansicht, dass »Mechanisierung, Überorganisation, Vertrieb und Marketing von Kunst und Design den neuen globalen Stil ebenso global seelenlos werden ließen. Das Gebot der Stunde lautet, einen Dialog zwischen dem urbanen Konsumenten und dem dörflichen Handwerker in Gang zu setzten. So bekommt der Konsument genau das, was er braucht, und er bekommt es persönlich und handgemacht. Umgekehrt bekommt der Handwerker einen Eindruck davon, wie der andere in der Stadt lebt, was das bedeutet und was seine tatsächlichen Bedürfnisse sind – womit er nicht gezwungen ist, weiterhin sinnlosen Kitsch für leichtgläubige Touristen zu produzieren.«

Gegenüber Das Schlafzimmer der Besitzer. Patels Philosophie der Einfachheit spricht aus jedem Bereich des Hauses. Über dem antiken Rosenholztisch hängt ein schwarzer Siebdruck von dem in Bhopal lebenden zeitgenössischen Künstler Akhilesh. Das Bett ist ein Entwurf Patels, und für den Boden wurde wiederum roher Shahbad verwendet, was dem Haus eine Atmosphäre der Einheit verleiht.

Oben Das Gemälde an der linken Wand ist ein Werk des bekannten zeitgenössischen indischen Künstlers Raza, der die meiste Zeit in Paris arbeitet. Die Reispapierarbeit an der Korridorwand stammt von Yogesh Rawal. Eine Kombination ist der Tisch darunter, dessen Basis von einer pedalbetriebenen Nähmaschine stammt. Alle anderen Möbel sind Entwürfe Patels, die man in seinem Geschäft in Mumbai bekommen kann.

Rechts Eine Ecke im Empfangsraum, in dem die harmonische Balance zwischen den klaren Formen Ausgeglichenheit und Ruhe vermitteln. Das kleine Gemälde rechts – es zeigt Ganesh auf einem *lingam* – ist das Werk eines jungen Künstlers aus Udaipur. Das große Bild stammt von Gautam Vaghela, der seine Inspiration aus den Wandmalereien Gujarats schöpft. Der Sessel ist ein Entwurf Patels, der Überseekoffer ein altes Stück und die Bodenlampe aus Alabaster.

Links Bei diesem Balkon mit Blick über den Garten und den Swimmingpool hat man das Gefühl, in einer Baumkrone verborgen zu sitzen. Kein einziger Bereich im Haus blieb von Pathys Auge für Kunst unberührt: Die Klappstühle aus Metall sind nur auf den ersten Blick Massenware, denn Pathy beauftragte Shivan Paswan, einen Vertreter der Stammeskunst Madhubanis (Nordindien), sie zu Kunstwerken zu transformieren *(Seiten 62–64)*.

Rechts Wenn das Bad zur Zeremonie wird: Auf dem antiken Kupfertablett sind jene natürlichen Pflegeutensilien ausgebreitet, die südindische Frauen verwenden – Hautpeeling, Fasern von Kokosnussschalen und in den kleinen Schalen Gram Powder, Kurkuma und aromatische Vetiverwurzeln. Das rechteckige Schälchen enthält reinigenden Bimsstein von indonesischen Vulkanen. Dahinter ist die Basis der aus Granit angefertigten Dusche zu sehen.

Kunst und Verführung

Coimbatore, Tamil Nadu

Rajshree Pathy ist nicht bloß eine immens erfolgreiche Industrielle, sie ist außerdem Vorkämpferin für die Rechte der Frauen, eine ausgesprochene Meinungsmacherin, Kolumnistin, Genießerin, Sammlerin, Mäzenin und internationale Vertreterin zeitgenössischer indischer Kunst, Salonlöwin und Weltreisende sowie ein Mitglied jenes immer kräftiger werdenden Verbandes von Indern, die die Marke »Indien« forcieren und in seismischen Wellen durch die globale Wirtschaft senden.

Ihr Haus hat sie selbst entworfen und nur die Ausführung einem Ziviltechniker überlassen: »Ich bin nicht der Mensch, der in der Raumidee eines anderen leben könnte. Und ich verstehe zwar, dass manche die Opulenz lieben, aber für mich ziehe ich Klarheit und Minimalismus vor.« Diese Einstellung ist durchaus von einem gewissen Pragmatismus geprägt, dient ihr Haus doch auch als »Galerie« ihrer ständig wachsenden Sammlung zeitgenössischer indischer Kunst: »Kunst habe ich immer geliebt, ja sie ist sogar die beständigste Leidenschaft seit meiner Schulzeit. Meinen ersten Hussain habe ich mir im Alter von sechzehn Jahren gekauft.« Das Haus reflektiert ihren Charakter, nicht zuletzt durch seine Zugänglichkeit – an allen Seiten offen, überall Blicke in Patios, Innenhöfe, auf Teiche und Gärten: »Mein Haus wurde zur Manifestation meines inneren Sinns für Raum.«

Unten Der Haupteingang wurde mit atemberaubenden Fresken ausgestattet – dargestellt sind die zehn *avataras* oder Inkarnationen Vishnus *(Seite 11)* –, für dessen Ausführung Pathy drei Künstler von der Chitrakala Academy in Kerala engagierte. Sie verwendeten natürliche Pigmente, um diese leuchtende Farbenkraft zu erreichen. Auf der rechten Seite hängt eine alte Glocke an einem dicken Lederriemen. Dahinter ist ein antiker *yali* (eine mythologische Löwenkreatur) aus Kupfer zu sehen, der üblicherweise Reisbarkassen in den Backwaters Keralas schmückt. Die niedrigen Sitzbänke im Vordergrund sind aus Teakholz, auf das man fein gewebte Weidenmatratzen aus Nordostindien gelegt hat. Eine freie Interpretation von Wasserlilienblättern aus gefärbtem Zement dient als Trittflächen auf dem Wasser.

Links und gegenüber Für die Gemälde an den Wänden eines Hofs im Inneren des Hauses engagierte Pathy Shivan Paswan, den preisgekrönten Künstler aus Madhubani. Die schlichten, in Schwarzweiß ausgeführten Fresken spiegeln das Leben und die pulsierende Energie tief in den Wäldern Bihars wider. Die Stühle sind im Stil der 1970er Jahre.

Abgesehen von der Eingangstür und ein paar wenigen anderen ist die Abwesenheit von Barrieren bemerkenswert, und das verleiht dem gesamten Interieur eine frei fließende Offenheit. Sie selbst würde sagen, dass dies eine Reflexion ihres Charakters ist. Mrinalini Sarabhai, vollendete klassische Tänzerin und Unabhängigkeitsaktivistin aus Ahmedabad, hat dies überaus treffend in eine poetische Skizze an der Wand in einem Gästeschlafzimmer gegossen, die mit einer Paraphrase auf Rajshree Pathys Vornamen als »Geehrte dieses Königreichs« endet:

»Mit dem Einatmen nimmst du die Welt auf.
Mit dem Ausatmen gibst du dich selbst der Welt.
Weite lebt in dir:
Wände sind nicht Barrieren,
Sind es deine, umgeben sie uns mit Liebe,
Shree dieses Raj.«

An der linken Wand erkennt man noch einen Teil eines Triptychons von dem zeitgenössischen Künstler A. Ramachandran, an der vorderen Wand ist die andere Hälfte von Balasubramaniams Skulptur *Introspection (siehe auch gegenüber)* zu sehen. Im folgenden Zimmer liegt am Boden neben dem niedrigen Sofa ein antikes Hütchenspiel. Weiter vorne ist eine der wenigen Türen (charakteristischerweise geöffnet) des Hauses: Inspiriert von einem Besuch in Murano, Heimat der venezianischen Glaskunst, nahm Pathy Glasstangen von intensivem Blau, die sie bei einer Auktion fand, und setzte sie in einen Rahmen aus dunklem Holz.

Gegenüber Auch für eine dritte Wand engagierte Pathy Shivan Paswan, den Künstler aus Madhubani. Hier entstand ein traditionelles Hochzeitsritual. Diese stilistisch sehr unterschiedlichen Wandmalereien, einzigartig für eine Familienresidenz, zeigen nicht nur das außergewöhnliche Talent des Künstlers, sondern auch Pathys Lust am Wagnis. An der eindrücklichen weißen Wand ist die Hälfte einer Installation von Alwar Balasubramaniam – ein Selbstporträt mit dem Titel *Introspection* – zu sehen. Die andere Hälfte ragt im angrenzenden Zimmer aus der Wand *(oben)*. Das niedrige Sofa ist in schlichtem Weiß bezogen, kontrastierend dazu liegen darauf türkische Kissen sowie Kissen, die mit Stoffen aus Gujarat bezogen und mit Kaurimuscheln umsäumt sind. Das Silber auf dem Tisch stammt aus Rajasthan: eine Öllampe, ein Paar Rebhühner sowie ein Paar Papageien. Letztgenannter Vogel gilt als Synonym Indiens: Papageiengeschrei ist in jedem Park, in jedem Garten und überall im Dschungel zu hören.

Rechts Der erste Blick, wenn der Eingang durchschritten ist: Vor einer Glasziegelwand hat Pathy ihre Sammlung portugiesischer Monstranzen, die sie jahrelang in Kerala aufgebaut hat, aufgestellt. Der bemalte Holzengel stammt ursprünglich aus Spanien, die Messingkerzenleuchter wurden in Kirchen in Kerala verwendet. Und alle Exponate sind antik.

Unten Gleichermaßen Humor und Sexualität evoziert diese zeitgenössische Skulptur von Anita Dubey, die im Speisezimmer *(gegenüber)* steht. Sie ist Teil einer Serie von Arbeiten, die den Namen *Wayside Deities* trägt. Um eine Auseinandersetzung zu provozieren, arbeitet die Künstlerin mit Alltagsobjekten – in diesem Fall sind es Toilettenschüsseln, roter Samt und Stahl.

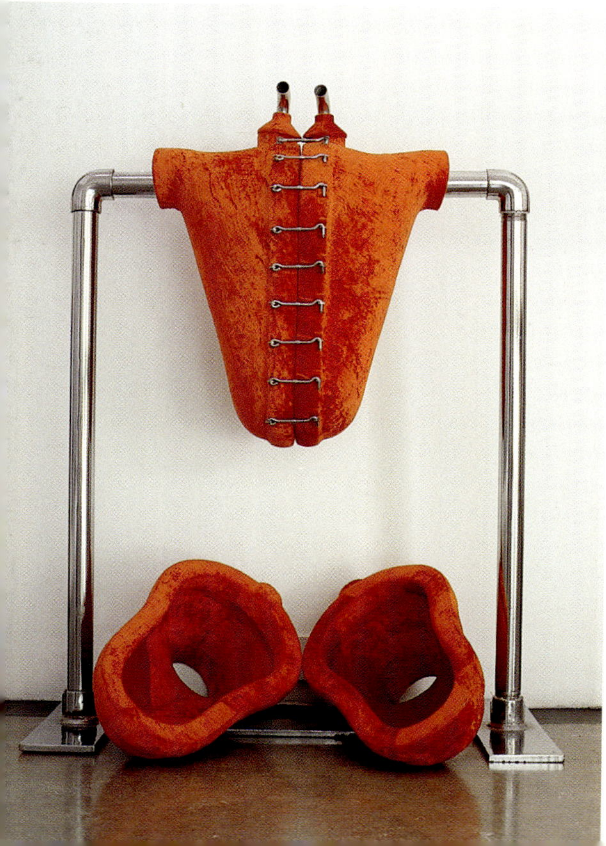

Gegenüber Der Esstisch, verkleidet mit kleinen Quadraten aus schwarzem Perlmutt, ist ein Entwurf von Nirmala Rudhra *(Seiten 70–75)* und wurde in Jaipur angefertigt. Das traditionelle Tischgeschirr ist aus Silber. Von Rekha Rodwittya stammt der Triptychon an der Stirnwand, und rechts vorne sieht man Anita Dubeys Skulptur (siehe auch *links)*. Pathy, die bereits frühzeitig mit Kunst in Berührung kam, hat gewissenhaft daran gearbeitet, ihr Auge zu schulen, ihre Ideen auszureifen und ihre eigenen kreativen Potenziale auszuloten. Sie hat viel Zeit mit befreundeten Künstlern, darunter Vasundara und Broota, verbracht. »Obwohl ich immer Perfektion anstrebe, sind es die Abweichungen und Fehler, die das Leben interessant machen und die Erinnerung prägen. Außerdem«, konstatiert sie, »ist Schönheit ohne innere Energie leblos.« Freude hat sie daran, dass jedes Stück Kunst, das sie erstanden hat, Platz zum Atmen hat und nichts an ihrem jeweiligen Rahmen ablenkend wirkt.

Auch im Schlafzimmer von Pathys Tochter zeigt sich der für Kunstwerke und Möbel so zuträgliche sparsame und klare Stil des ganzen Hauses. Auf dem indonesischen Merbeauholzfußboden stehen eine Kommode mit Leoparden – ein originales Stück von Fornasetti aus dem Jahr 1953 – sowie ein Paar kubischer mit Blattsilber überzogener Tische von Nirmala Rudhra *(Seite 70)*. Auf jenem im Vordergrund sind ein Silberkelch, den Pathy in der Jew Town von Kochi gekauft hat, sowie eine blaue venezianische Glasschüssel zu sehen. Die eleganten, extrem schlanken Stehlampen aus Stahl und Glas an den beiden Seiten des Betts stammen von Fontana Arte.

BRANSON

Rudhra hat die originalen kleinen Fenster durch große Glasflächen ersetzt, um mehr Licht hereinzulassen, aber auch, um das saftige Grün genießen zu können. Das Sofa, hergestellt in Delhi, hat eine leicht modifizierte europäische Form, das Tischchen davor ist der Hocker eines Nambudiri-Brahmanen aus Kerala *(Seite 72)*, der auf schlanke Beine gestellt wurde. Vom kleinen Balkon draußen kann man über die Mauern um Humayuns Grabmal sehen. Die Kissenbezüge *(links und rechts)* sind aus *gyaser*, einem schweren Brokat aus Varanasi, hergestellt. Der Tisch aus Messing – er stellt Frangipani-Blätter dar – entstand nach einem Entwurf von Devi Designs, der Firma von Anupam Poddar *(Seite 151)*. Und die runden Steine, die wie *lingams* aussehen, sind ausrangierte Reismahlsteine, die Rudhra in Tamil Nadu, woher sie stammt, gefunden hat.

Eine Meditation über Größe

New Delhi

Unablässige Neugierde ist das Credo der Schmuck-, Möbel- und Strickwarendesignerin Nirmala Rudhra – eine Frau, die ständig in Bewegung ist, in Indien und anderswo. Nach Katmandu reist sie regelmäßig wegen ihrer Strick- und Pashminaprodukte, nach Jaipur wegen ihrer Schmuck- und Möbelkollektionen. Sich selbst bezeichnet sie als buchstäbliche »Multimedia-Designerin« und als Beraterin für Innenarchitektur und Dekoration.

Der Umzug aus ihrer südindischen Heimatstadt Coimbatore nach Delhi war, gesteht sie, eine Art Kulturschock, doch sie genießt die Spontaneität und das komplexe soziale und kulturelle Leben der Hauptstadt. Das Appartement, das sie fand, liegt perfekt ganz in der Nähe von Humayuns Grabmal – ein Meisterwerk muslimischer Architektur –, ähnelte aber eher einem Korridor als einer Wohnung. Nach drei Jahren kaufte sie die Wohnung und engagierte den französischen Architekten Stéphane Paumier, um sie von Grund auf zu verändern. Die Lobby, das Speisezimmer und der Bürobereich verlaufen nun an einer Seite der Wohnung, an der gegenüberliegenden befindet sich jetzt die Küche. Nach Lust und Laune können die beiden Bereiche getrennt oder verbunden werden. Möglich machen das gigantische Milchglas-Schiebetüren. Und wann immer sie das Bedürfnis danach hat, kann sie von einem der Fenster aus die klassische Schönheit der Kuppel des Grabmals bewundern.

Gegenüber Der Empfangsraum (Vordergrund) und das Büro. Das Set niedriger Tische ist ein Entwurf Rudhras und wurde in Jaipur hergestellt, die Kissen sind mit handgewebten Stoffen aus Varanasi bezogen. Über dem Schreibtisch hängt eine die Göttin Tara darstellende *tangkha* aus Nepal. (Eine detailliertere Abbildung der Kissen und der Objekte auf dem Schreibtisch: *Seite 74*.)

Wo der Speise- in den Empfangsraum übergeht, spiegeln Arrangements von beeindruckender Dramatik Rudhras Liebe zur Wiederholung kraftvoller Motive wider. Auf dem Tisch (ein Entwurf Rudhras) befindet sich eine Reihe aus Bengalen stammender Kupfer- und Messingschalen für rituelle Waschungen. Auf dem polierten Regal mit Rändern aus schwarzem Marmor stehen Buge der traditionellen Reisbarken, die die Backwaters Keralas durchpflügen; dahinter sind südindische Steinskulpturen zu sehen: eine Frau aus der Epoche der Pallava (9. Jahrhundert) und eine Dakshinamurthi-Darstellung (10. Jahrhundert). Auf dem Boden davor liegen zwei hölzerne Hocker in Schildkrötenform, wie sie die Nambudiri-Brahmanen in den Tempeln verwenden.

Oben Dominiert wird das Schlafzimmer von einem *tangkha* der Eintausendundein Buddhas. Auf dem kleinen Bild ist eine Fotoserie von der Hand ihrer Mutter zu sehen, die Rudhra fotografiert hat. Die Lampe ist ein Designklassiker von Noguchi, der stilisierte Lotus von Devi Designs *(Seite 151)* und die Messingvase ein Spucknapf aus Kerala. Handgewebter Brokat aus Varanasi bedeckt das Bett, und auf der niedrigen Wand dahinter, die gleichzeitig als Betthaupt fungiert, stehen zwei Bronzestatuen Buddhas aus Nepal und der oberste Teil einer Messingstupa.

Links Zwischen Wohn- und Bürobereich wird die Sammlung tibetanischer Buddhastatuetten von einem Marmorlöwen aus Rajasthan und einem silbernen Granatapfel begleitet. Der Brokatstoff auf den Kissen hat eine lange Tradition: Seit über dreihundert Jahren wird er in Varanasi für den tibetanischen und den nepalesischen Markt hergestellt.

Gegenüber Die Marmorvase wurde nach Rudhras Angaben in Jaipur hergestellt: Ihre Form entspricht der Basis einer Mogul-Wasserpfeife. Die beiden Objekte im Vordergrund repräsentieren die Füße von *Tirthankaras*, den heiligen 24 Furtenbereitern des Jainismus.

Links Handgeschmiedete Messingschalen, die nahezu unsichtbar verbundenen Frangipaniblüten nachempfunden sind (sie stammen aus Anupam Poddars Devi Designs, *Seite 151)*, wurden auf einen niedrigen Tisch gesetzt, dessen Oberfläche aus Rosenholz und Tigerauge, einem Halbedelstein, besteht.

Rechts Der gemeinsame Wohnbereich des Familienwohnsitzes. Die kleinen Tische und niedrigen Stühle hat Saini entworfen. *Arco*, die Stehlampe mit Chromschirm, kommt von dem italienischen Beleuchtungsunternehmen Flos. An der Wand hängt eine Collage von Smriti Dixit, einem Künstler aus Mumbai. Die chinesische Keramikskulptur stammt von einem Antiquitätenhändler in Bangkok.

Eleganz draußen vor der Stadt

Chattarpur, Süd-Delhi

Gegenüber Der erste Eindruck ist essentiell: Sainis Entscheidung für ein Fresko mit Blattgoldfinish – es stammt von einem Stammeskünstler aus Gond in Madhya Pradesh –, das sich dramatisch über den gesamten Eingangsbereich des Sekhri-Hauses ausbreitet, ist so unerwartet wie beeindruckend. Idealerweise sollte das Interieur den Besucher daran erinnern, wo er sich befindet, und dieses Wandgemälde tut dies präzise: Indien. Das ganze Haus ist eine Verbindung zwischen der Quintessenz indigener Kultur mit vor allem ruralen Wurzeln und starken globalen Einflüssen, die der Rest des Hauses reflektiert.

Als Rajiv Saini Mitte der 1990er Jahre den renommierten Designer Rajeev Sethi traf, veränderte das sein Leben, und anstatt wie geplant IT-Techniker zu werden, machte er mit seinen angeborenen künstlerischen Talenten Karriere: Sethi machte Saini zum Koordinator eines prestigereichen Innenausstatters in Mumbai. Das war die ideale Gelegenheit für Saini, das Geschäft zu lernen. In weniger als einem Jahrzehnt wurde er zu einem von Indiens führenden Innenarchitekten samt beeindruckendem Lebenslauf, zu dem unter anderem die vollständige Verwandlung eines Palastes in Rajasthan aus dem 19. Jahrhundert zählt: Das Devi Garh Hotel der Familie Poddar *(Seite 151)* gilt als eines der schönsten Hotels der Welt.

Hier beauftragte ihn eine Händlerfamilie mit dem Umbau ihres in den 1980er Jahren gebauten Hauses. Es musste Platz für die Eltern und zwei verheiratete Söhne mit deren Ehefrauen und Kindern geschaffen werden – Raum, um Zeit gemeinsam verbringen zu können, und voneinander getrennte Bereiche: Schlafzimmer, Wohnbereich, Büro und Badezimmer. Nachdem die Kunden ihre Vorstellungen dargelegt hatten, erhielten sie von Saini einen Meisterkurs in Material- und Wohnelementkunde sowie eine Rohskizze seiner Ideen. »Es ist viel aufregender, wenn klare Vorstellungen vom Möglichen herrschen. Das bedeutet schrittweise Veränderung inklusive ständiger Kommunikation zwischen Auftraggeber und Innenausstatter.«

©JITISH K MONUMENT OF 1000 ACHES

Gegenüber Wenn Saini über das Haus seiner Kunden spricht, benützt er vielfach die Begriffe »Schönheit« und »schön« und erinnert an den Schriftsteller Stendhal, der meinte, Schönheit sei nichts anderes als ein Versprechen von Glück. Hier kombiniert er Luxus (und zwar ohne die damit oft assoziierte Überfülle) mit seiner Definition von Moderne, Reinheit und klaren Formen. Der schmale Onyx-Tisch aus seiner Werkstätte ist von innen beleuchtet, damit die traumhaft schöne Zeichnung des Steins noch besser zur Geltung kommt. Das Gemälde menschlicher Formen ist ein Werk von Jitish Kallat aus Mumbai.

Rechts Praktikabilität und Schönheit müssen einander absolut nicht ausschließen. Ein Konglomerat aus Materialien – von Wolle über Seide und Holz bis zu Stein und Glas – wurde für diesen großen Wohnraum verwendet, um ein subtiles Spiel aus Texturen und Oberflächen in Szene zu setzen. Der Tisch in der Mitte und der Teppich sind von Saini speziell für diesen Raum angefertigte Entwürfe. Die südostasiatischen Skulpturen links im Bild stammen von einem Antiquitätenhändler in Thailand, jene ganz rechts ist ein Werk von Mrinalini Mukerjee aus Delhi.

Unten Ebenso wie sein Mentor Rajeev Sethi ist sich Saini der Tatsache bewusst, dass es immer weniger indische Handwerker gibt, aber auch, dass sie über eine außergewöhnliche Material-, Technik- und Gestaltungsvielfalt verfügen. Das Sideboard im Familien-Speiseraum repräsentiert die in erster Linie in Uttar Pradesh beheimatete und *tar-kashi* genannte Technik, bei der Messingdraht vorsichtig in *sheesham*, eine Rosenholzart, gehämmert wird. Dieses Design stammt aus Sainis Werkstätte, nachdem er zahlreiche Motive und Muster traditioneller Designs studiert hat.

Gegenüber Eine lange Wand verbindet Speise- und Wohnraum *(Seite 79)* der Großfamilie. Die Räume mussten getrennt werden, daher verwendete Saini Tafelglas und ließ außerdem das Regalbrett an der Wand weiterlaufen, um die Illusion, man befände sich in einem großen Raum, aufrecht zu erhalten. Den Parkett-Effekt erhielt die Wand durch die Verwendung verschiedener Steinarten, die zusätzlich mit unterschiedlichen glättenden Materialien behandelt wurden. Der Tisch zeigt wiederum die *tar-kashi*-Technik *(Seite 79)*. Auf ihm finden sich traditionelle *thalis* (Tabletts), *katoris* (Schalen) und Becher aus Silber sowie Messinguntersetzer mit dem wiederkehrenden Frangipani-Motiv. Sie wurden von Saini entworfen und bei Devi Designs hergestellt.

Rechts Der kombinierte Wohn-Schlaf-Raum eines der beiden Söhne und seiner Familie. Die Räume können mit Schiebetüren aus Walnussholz, die die ganze Höhe einnehmen, getrennt werden. Das Gemälde im Wohnbereich ist ein Werk Baiju Parthans aus Mumbai. Die Hängelampe dagegen stammt vom Chor Bazar, Mumbais berühmtem Flohmarkt.

Links Das größte Schlafzimmer gehört den Eltern des Hauses. Fast hätte der Raum einschüchternd gewirkt, doch Saini umging diese Gefahr raffiniert, indem er einen Raum im Raum schuf. Die beeindruckende Konstruktion ist wie das Bett aus Teakholz. Das Skulpturenpaar – Stammeskunst aus dem äußersten Nordosten des Landes – wurde bei einem Kunsthändler in Delhi gekauft. Und die Stehlampen neben dem Bett sind ein Design von Philippe Starck, hergestellt bei Flos in Italien.

Links Die Zeitlosigkeit einer Seerose mit ihrem mächtigen metaphysischen Symbolismus, aus brackigem Wasser unendliche Reinheit hervorbringen zu können, wird hier mit leuchtendem, knallgelbem Acryl kontrastiert.

Rechts Hier dominieren scharfe, klare Linien, unterbrochen nur von dem sublimen Faltenwurf der wundervollen Gandhara-Statue Buddhas. »Ab einem bestimmten Zeitpunkt in seinem Leben«, erklärt der Besitzer, »verzichtet man auf visuelle Komplikationen und wendet sich klaren Formen zu.« Das Sideboard fertigten lokale Handwerker nach einem Entwurf Andrea Anastasios an, der auch die Lichtbox entwickelte. Die lackierten Gefäße sind zeitgenössische Arbeiten aus Thailand.

Art déco kontra Postmoderne

Coimbatore, Tamil Nadu

Gegenüber Der Tisch und der Diwan illustrieren lebhaft, wie kosmopolitisch, kultiviert und geschmackssicher die moderne indische Industriegesellschaft mit verschiedenen kulturellen und zeitlichen Einflüssen umgeht. Im Diwan, in den 1940er Jahren von der Möbelfirma Anjari in Karaikudi hergestellt, verbindet sich Art déco mit hinduistischen Feinheiten: Geometrisch wurden Kreuzblume und höchst symbolischer Lotus im Korpus integriert, die schlichte Polsterung erinnert an die puristisch-hinduistischen Traditionen. Auf dem Tisch steht die aus Karnataka stammende Bronzefigur eines jainistischen *Tirthankara* (Heiligen). In die Gegenwart katapultiert wird die Szenerie durch die aus Europa importierte Acrylvase und die Plexiglasbasis der Statuette. Das verbindende Element ist die spiegelnde Oberfläche des Tisches: gleichermaßen neu und eine Reverenz an die Art-déco-Seele des Hauses.

Coimbatore unterschied sich nicht wesentlich von jeder anderen ländlichen Stadt, bis eine Handvoll Visionäre sie im späten 19. Jahrhundert durch die Errichtung von Textilmühlen zu Indiens größter Stoffindustriestadt verwandelte. Damit war es unvermeidlich, dass die Industriellen Coimbatores den Art déco – zum Teil eine Reverenz an die Mechanisierung – mit Genuss für sich entdeckten, als er modern wurde. Nach Mumbai, damals die kosmopolitischste Stadt und ökonomischer Nabel des Subkontinents, strömten in Scharen europäische Architekten und Ausstattungsunternehmen. Hier begegneten Wirtschaftsunternehmen – und indische Prinzen – der Ästhetik des Maschinenzeitalters und gaben sich ihr voller Begeisterung hin, spiegelte sie doch ihre zukunftsweisende Modernität wider.

Der Vater des Besitzers dieses Hauses beauftragte in den 1940er Jahren ein Architekturbüro und eine Möbelfirma, sein Haus zu entwerfen, zu bauen und auszustatten. Regelmäßige Dinnerpartys und Spielabende belebten es später, und die Gäste wurden von nicht weniger als fünfundzwanzig Bediensteten umsorgt. Die Mutter des Besitzers erinnert sich, dass die einhundertfünfzig Bestecke aus Sheffield stammten – jedes Messer, jede Gabel so wunderbar geformt, dass man sie perfekt auf einem Finger

Diese Halle illustriert das Bestreben des Besitzers, das Art-déco-Interieur zu bewahren und dennoch ein zeitgenössisches Ambiente zu kreieren, besonders gut. Original sind die Doppeltüren, die sich zu einem der zahlreichen Salons des Hauses öffnen. Eine Altmetallkonstruktion (mit auffallender Beleuchtung) aus einer der Fabriken des Besitzers verbirgt die Treppe und schafft gleichzeitig eine Nische für den Schreibtisch (lokal hergestellt, entworfen von Anastasio) und den Philippe-Starck-Stuhl. Über dem Schreibtisch hängt eine ungewöhnliche und seltene Ikone, die einst der königlichen Familie Mysores gehörte und die Muttergöttin Durga darstellt.

balancieren konnte. Und ihrem Sohn fällt ein, dass man es damals für ein schlechtes Omen hielt, Antiquitäten zu kaufen. Also fuhr seine Mutter nach Ooty, um bei Auktionen Vasen und Porzellan zu ersteigern – aber niemals Statuen oder Schmuck. Das Haus, erinnert er sich, war immer voller Verwandter und ihrer Kinder, für die man Matratzen auflegte, um alle unterzubringen.

Gegenüber der Art-déco-Einrichtung des Hauses hegt er eine Art Hassliebe: Es frustriert ihn immer wieder, dass ein so festgeschriebener Stil genuin unflexibel ist. Jedes einzelne Stück der eigens hergestellten Möbel hat auf dem pastellfarbenen Terrazzo-

Oben links In dem kleinen Salon werden Milchglaspaneele, die von hinten beleuchtet sind und in einem ätherischen eisblauen Licht erstrahlen, von blutrot lackierten Einbauschränken unterbrochen – ein Ensemble, das insgesamt das Vokabular des Art déco evoziert. Der Tisch ist ein Originalstück aus der Bauzeit des Hauses, Polsterung und Bezug der Sessel stammen von der indischen Firma Atmosphere. Die Bronzeskulpturen sind Meditationsspiegel, die mit der Göttin Durga assoziiert werden und die es nur in Kerala gibt.

Oben rechts Diese Schrankwand mit Lotusblüten darstellendem eingelegtem Blattsilber befindet sich vor dem großen Schlafzimmer.

boden mit den auffälligen geometrischen Mustern seinen fixen Platz. Dennoch war er fest entschlossen, dem Interieur einen zeitgenössischen Touch zu verpassen. Gleichermaßen jedoch wollte er bestimmte Art-déco-Elemente – darunter die Terrazzoböden – erhalten, sollte später einmal irgendjemand das Bedürfnis verspüren, das Haus in seinen Originalzustand zurückzuversetzen.

Sein eigenes Ambiente schuf er sich schließlich mit der Hilfe des italienischen Innenarchitekten und Beleuchtungsspezialisten Andrea Anastasio. Jeder Raum erstrahlt nun in einer Farbe und so in seinem je eigenen Charakter.

Links Auch der Speiseraum wurde wie der Rest des Hauses modernisiert, ohne den ursprünglichen Art déco vollkommen zu eliminieren. Die Wände wurden mit opaken Glaspaneelen verkleidet, links und rechts der Tür hängen exquisite alte Seidensaris. Der Tisch ist auf traditionelle Weise mit Silbertellern, Schalen und Bechern gedeckt. Und in der Mitte befindet sich eine »funktionale Skulptur« von dem Designer Michael Aram *(Seiten 104–108)*.

Unten Mit Ausnahme des Tisches – wiederum ein Originalstück aus der Bauzeit – präsentiert sich dieser Raum durch und durch modern mit einer starken indischen Charakterisierung. Das leuchtende Pink und das flammende Safran sind unverwechselbar indische Farben, die niedrige Bank oder *hitchka* sowie der Sichtschutz oder *jali* vor dem Fenster sind eindeutige Reverenzen an die Traditionen Indiens. Ursprünglich wurden indische Häuser mit durchbrochenen Steinfassaden versehen (nicht mit verglasten Fenstern), um kühlende Luftzirkulation zu gewährleisten. Diese Tradition hat Andrea Anastasio aufgenommen und in eine zeitgenössische Formensprache übersetzt, indem er einen durchbrochenen Metallschirm kreierte, der dem Raum einerseits einen fast industriellen Charakter verleiht, andererseits ein faszinierendes Spiel des Lichts erlaubt, wenn die Sonne direkt hindurch scheint.

Oben Auf der Galerie im ersten Stock machen diese Glasziegelkonstruktion, der Metallschirm mit ausgeschnittenen Lotusmotiven (ein Entwurf des Besitzers) und die Doppeltür mit dem Fliegennetz den Eindruck einer skulpturalen Installation. Doch all das hat einen praktischen Hintergrund, dient es doch dazu, einen Waschraum beim Speisezimmer zu maskieren.

Gegenüber Im großen Schlafzimmer wiederholen sich die breiten horizontalen Silberstreifen an den matten schwarzen Wandschränken gewissermaßen in der großzügigen runden Polsterung. Die Bettpfosten sind aus Aluminium. Die Bodenmusterung wurde der Illustration in einem Buch über Art déco nachempfunden und mit Pigmentfarben aus Frankreich ausgeführt. An der Wand sind Gemälde des in Paris lebenden Künstlers Raza zu sehen.

Links Der Sessel aus den 1950er Jahren, dessen Stiletto-Beinchen Sethi amüsant findet, stammt aus einem Familienfundus; darauf ein Kissen, dessen Bezugsstoff an Indiens frühere Chintzproduktion erinnert. Die Gabelskulptur auf dem Tisch stammt von einem ungarischen Flohmarkt und ist das Geschenk eines Freundes, das Bild an der Wand ist ein Werk von Rajit. Der Stoff mit dem Lebensbaummotiv, der sich im Spiegel reflektiert, ist ein Entwurf von Brigitte Singh *(Seite 171)*. Die Lampe schließlich wurde in Jivi Sethis und Viki Sardesais Firma Design Laboratory entworfen.

Rechts Eine Mischung aus alt und neu sind die Bezugsstoffe der Kissen: die bestickten Stücke sind antik und kommen aus dem Punjab, das orangefarbene ist ein Werk des iranischen Textilkünstlers Sholeh Sadr Sikri. Textilien definieren die Wohnung in vielerlei Hinsicht: »Sie können so viel für ein Interieur tun«, meint Sethi. In Indien dienen ihre Farben traditionell dafür, Jahreszeiten zu symbolisieren – Weiß für den Sommer, Rottöne für den Winter und Gelb für den Frühling.«

Eklektizismus mit Elan

New Delhi

Jivi Sethi strahlt Stil, Kultiviertheit und Schwung aus, doch in diesem Designberater und Innenausstatter steckt noch viel mehr. Er ist ein leidenschaftlicher Mensch, der seine unterschiedlichen Anliegen mit immer gleichem Elan verfolgt: Einerseits ist das die HIV-Aufklärung, andererseits sind es die indischen Handwerker. »Ich engagiere mich so intensiv wie möglich für Indiens außergewöhnliche und vielfältige Handwerkstradition, denn dieses Erbe wird bei weitem nicht hoch genug geschätzt. Die einzige Chance des Handwerks, in dieser sich ständig verändernden Welt zu überdauern, besteht darin, sich in einen zeitgenössischen Kontext einzufügen.« Mit seinen Arbeiten und seinem Design Laboratory, das er mit seiner Geschäftspartnerin Viki Sardesai gegründet hat, ist er eine Art Botschafter der indischen Handwerker.

Seine Wohnung beschreibt Sethi als vollendetes Bild, zusammengestellt wie ein Puzzle, dessen Teile perfekt zueinander passen. »Ich liebe schöne Dinge und glaube, man kann sie in jedem Fall kombinieren, gleichgültig, wie sehr sie in Stil oder Epoche auch differieren, ob sie klassisch schön oder reiner Kitsch sind. Ich bin in dieser Hinsicht völlig unabhängig, und meine eklektische Auswahl reflektiert dies. Die Räume zeichnen gleichsam ein Bild meiner Persönlichkeit, meiner Interessen und Passionen, während sie gleichzeitig warm und einladend sind. Alles in allem – es ist mein ›Heim‹.«

Rechts Ein besonders schöner Kaschmirschal aus Sethis seit Jahren aufgebauter Sammlung.

Unten »Ich stöbere und kaufe die ganze Zeit«, erzählt Sethi. Der Paravent aus Kashmir präsentiert die typische Ahornblätter-Schnitzarbeit. Das Tagesbett stammt aus der Kolonialzeit, seine Matratze ist mit antikem *mushru* bezogen, ein aus Baumwolle erzeugter Satin, der speziell für orthodoxe Muslime angefertigt wurde, die auf der Haut keine Seide tragen dürfen, und die Kissen sind wiederum Entwürfe von Sholeh Sadr Sikri. Sethi liebt die zeitgenössischen Göttergemälde, weil sie so schön kitschig sind. Die große Amphore ist antik, aus gebranntem Ton und ursprünglich zum Aufbewahren von Getreide gedacht. Der aus Papier hergestellte Schrank mit dem Zypressenmuster auf der rechten Seite wurde im Auftrag Sethis von Papierschneidern in Mathura angefertigt, die mit ihrer *sanjhi*-Technik auch Schablonen für Wand- und Bodenmuster herstellen.

Folgende Doppelseite

Links Auf dem Tisch befinden sich Tempelleuchten, die Sethi in Kerala gefunden hat. Die Türgriffe stammen aus Michael Arams Kollektion *(Seite 104)*.

Mitte Das delikat geschmiedete Eisentor im Vorraum war ursprünglich ein Balkongeländer – gefunden auf einem Schrottplatz und bei Michael Aram umgestaltet. Die Bronzeleuchter sind syrisch-christlich und stammen aus Kerala, die von der Decke hängenden Blumenvasen in Eprouvettenform kommen von Kavita Dattas Firma für Wohnaccessoires.

Rechts Den Mittelpunkt des Vorraums bildet *Transfiguration*, eine Skulptur aus Fiberglas und Messing von M. J. Enas, einst Jesuitenpater, heute Künstler. Flankiert wird sie von hölzernen Kerzenleuchtern aus Goa. Alte Spiegel kreieren Momentaufnahmen des Lebens, der Tisch stammt aus der Kolonialzeit und die Bodenfliesen sind von Sethi gestaltete Reproduktionen alter Kacheln.

Links Der Speiseraum spiegelt Sethis Leidenschaft für das riesige Reservoire von Indiens außergewöhnlicher Handwerkskunst wider. Die schwarzen Marmorteller und -becher, teilweise dekoriert mit feiner Einlegearbeit aus hellem Marmor, stammen aus Uttar Pradesh und Rajasthan und werden in Sethis und Sardesais Firma verkauft. Auf dem Tisch liegt ein *telia rumal*, ein nach der *ikat*-Methode (eine spezielle Färbetechnik) hergestellter Schal aus einem Dorf in Andhra Pradesh. Die Bronzetorsi hat Sethi nach viel kleineren Goldoriginalen, die er in Museen gesehen hat, gestaltet, und die *arti*-Leuchter kommen aus Kerala.

Unten Ein Detail vom Tisch im Vorraum *(Seite 92)*. Sethi fand die Shiva-Maske während eines seiner häufigen Besuche in Varanasi. Der Teller stammt aus der »Sonnenkollektion« von Sethi und Sardesais Design Laboratory: Die Technik, Metallintarsien auf Metall herzustellen, heißt *bidri* und wird vor allem in der Gegend um Hyderabad in Andhra Pradesh angewandt. Die vergoldeten Holzfrüchte stammen aus Bali.

Oben Eine der Dachterrassen der Wohnung ist nahezu vollständig mit Eisenmöbeln eingerichtet, über die Sethi auf einem Flohmarkt in Delhi gestolpert ist. Die farbigen Glaspaneele an der Wand stammen vom Stadthaus einer Parsenfamilie in Mumbai, die drei Schalen auf den Spinnenbeinen von Michael Aram.

Rechts Der große Teller aus dem Design Laboratory ist aus schwarzem Marmor, der mit Perlmutteinlagen in Form von Jasminblüten geschmückt wurde. Auf dem Teller steht – ebenfalls aus dem Design Laboratory – die Basis einer Wasserpfeife, ein springender Leopard aus Bronze von M. J. Enas sowie ein Stück rotes Glas von jener Sorte, aus der Armreifen hergestellt werden.

Links Auf die Arbeit an den Fundamenten folgten Reparaturen und Wiedererrichtung von Außen- und Innenwänden sowie die Sanierung aller Böden. Originale architektonische Details, darunter beispielsweise die wunderschönen unteren Wandbereiche, wurden, wo immer das möglich war, restauriert. In den Empfangsbereichen formen stilvoll behauene Marmorsäulen und Fächerbögen tiefe Veranden. Das fließende Wasser ist dabei nicht nur dekorativ, sondern ein besonders delikater Luxus, wenn das Licht auf den immer bewegten Oberflächen spielt und das Geräusch in den kühlen Hallen widerhallt.

Wiedergefundenes Paradies

Samode, Rajasthan

Die Rajputherrscher von Rajasthan, ein trockenes, staubiges und im Sommer unerträglich heißes Land, übernahmen ihre Vorstellungen von einem idealen Garten von den Moguln. Auf dem Weg zwischen ihrem Palast in Samode und Jaipur legte die Familie der Rawal von Samode eine Karawanserei mit idyllischem Garten an.

Rawal Yadavendra Singh Samode und seine Frau Arpana Kumari Singh besitzen gemeinsam die Hotels Samode Palace und Samode Haveli. In den späten 1990er Jahre begriffen sie schließlich auch, welchen Schatz sie mit dem Samode Bagh (*bagh* heißt Garten) geerbt hatten. Sie gingen daran, das in Jahrzehnten völlig zugewachsene Gelände mit seinen wunderschönen uralten Bäumen vom Dschungel zu befreien und mit Rosen und Granatapfelbäumen wieder zu bepflanzen. Zu guter Letzt belebten sie auch die Wasserspiele wieder, das optische Highlight des Gartens.

Auch das Gartenpalais, ein charmantes Kleinod im Herzen der Anlage, war völlig verfallen. Während sie es restaurierten, entdeckte das Ehepaar architektonische Details des Rajputstils, des Art déco und des Neoklassizismus. Um der Verwandlung dieses Stilmixes die Krone aufzusetzen, gestaltete das Ehepaar das Interieur in einem zeitgenössischen Stil, der ihre regelmäßigen Reisen nach Afrika, in den Fernen Osten und nach Europa widerspiegelt.

Gegenüber Swimmingpools sind etwas verhältnismäßig Neues in indischen Häusern, wo Pools heute ein integrativer Teil des Gartens, ein optischer Genuss und natürlich zum Schwimmen da sind. Oft sind sie auch ein Statussymbol. Nicht so im konservativen Rajasthan, wo die Wasserbecken in die private Welt eines abgeschlossenen *haveli* integriert sind. Von Marmorsäulen getragene Fächerbögen bilden den schützenden Rahmen rund um den Pool.

Rechts und unten Der von Mauern umschlossene Garten ist durch eine Reihe von Wasserläufen unterteilt, die von 91 speziell dafür angefertigten steinernen Quelldüsen belebt werden. Die traditionelle Bepflanzung besteht aus Rosen und anderen duftenden Blumen sowie aus Obstbäumen wie dem lebensspendenden Granatapfelbaum. Der wieder hergestellte Garten wurde schließlich auch zum Paradies für Vögel – inklusive Pfauen, dem königlichen Symbol des Staates.

Links Die messingbeschlagenen Türen wurden renoviert und umrahmen nun geschliffenes Glas, um möglichst viel Licht hereinströmen zu lassen. Der im Diamantmuster verlegte schwarzweiße Marmorfußboden wird außen von einer Bordüre kleiner weißer Rauten umrahmt. Auf der Truhe aus Sansibar vor dem Fenster wurden die Blüten und Früchte eines Granatapfelbaums arrangiert.

Unten Eine zeitgenössische Skulptur von unendlicher Anmut der »Hand Buddhas«. Wie schon ihre Vorfahren verändern und vervollständigen Rawal Yadavendra Singh Samode und Arpana Kumari Singh unablässig die dekorative Ausstattung ihrer Paläste.

Gegenüber Die Besitzer wollten zwar von den besten architektonischen Details soviel wie möglich retten, doch was das Interieur betrifft, so wollten sie es weder »ethnisch« noch »kolonial« einrichten. Stattdessen zogen sie einen klaren, internationalen Look vor, der mit ihrem kosmopolitischen Lebensstil korrespondiert.

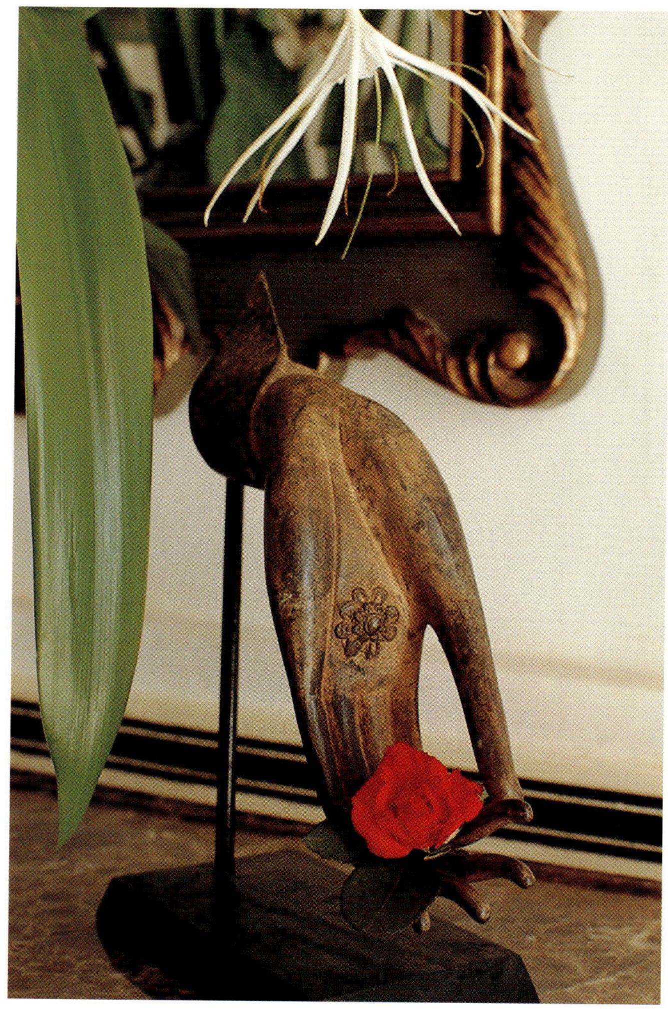

Oben Während die Bereiche für die Hotelgäste zeitgenössisch eingerichtet sind, wurden die Privaträume mit vielen Antiquitäten ausgestattet. Das Büro und der Fernsehraum der Singhs liegt direkt neben ihrem Schlafzimmer. Sie waren froh, dass die zarten Wandreliefs aus der Rajputzeit erhalten werden konnten. Der untere, mit schwarzen, parallel verlaufenden Linien dekorierte Wandteil – angefertigt aus einem ganz speziellen Verputz, der heutzutage kaum noch hergestellt werden kann – wurde nur behutsam gereinigt. Das Ziel des Ehepaares war, dieses Haus so behaglich und intim wie nur möglich zu gestalten. So wurde die Wandfarbe gewählt, weil sie mit dem Holz des Bodens, der Tür- und Fensterrahmen harmoniert, aber auch mit dem üppigen Grün des Gartens. Den Teppich haben sie in der Türkei gekauft. Die Fotografie rechts oben ist ein handkoloriertes Porträt der Rajput-Prinzen vor der Unabhängigkeit Indiens.

Oben Viel eher ist es Intimität als Prunk, das dieses Gästeschlafzimmer auszeichnet. Das Himmelbett aus dem frühen 20. Jahrhundert ist eine Mischung aus britischem Geschmack und jenem der aristokratischen Rajputs. Das Gemälde des Tigers – Symbol des königlichen Indiens – stammt von einem lokalen Künstler, der im Tigerreservat des Ranthambor-Nationalparks in Rajasthan arbeitet. Wie die anderen Räume des Hauses auch geht dieses Zimmer auf eine geschützte Veranda.

Links Das Wandmosaik im Badezimmer, früher möglicherweise ein Vorratsraum, ist neu. Für einen Holzrahmen um die gläserne Duschwand hat man sich entschieden, weil er wärmer und freundlicher wirkt als einer aus Metall. Der Marmorfußboden im Schlafzimmer ersetzt den originalen Bodenbelag, der nicht mehr zu retten war.

Import Export

Seit undenkbaren Zeiten hat Indien einen so lebendigen wie unverzichtbaren Anteil am Welthandel. Man sagt, die Staatskassen des Römischen Reichs hätten sich gefährlich geleert, weil man Unmengen an indischen Stoffen importierte. Und im 18. Jahrhundert wurden indische Textilien in Europa so beliebt und begehrt, dass man sie mit einem Embargo belegen musste, um den Staatshaushalt zu konsolidieren. Später wurde Ahmedabad zum »Manchester des Ostens«: Von hier aus wurden Stoffe nach Europa, in die Länder rund um das Arabische Meer und nach Südostasien exportiert. Auf dem Höhepunkt dieser Ära gab es in Ahmedabad Hunderte von Textilmühlen, von denen jede Tausenden von Menschen Arbeit gab.

Heute hat der internationale Handel mit Indien neue Höhen erreicht. Und das, obwohl sich bis in die 1980er Jahre nur sehr wenige vorstellen konnten, dass Indien die Herausforderung annehmen würde, gegen die westliche Vorherrschaft, was globale Wirtschaft, Finanzwesen, Wissenschaft und Forschung sowie neue Entwicklungen betrifft, in Konkurrenz zu treten.

Jenseits dieser internationalen Verknüpfungen, auf einer menschlicheren Ebene, verfügt Indien über die umfassendsten Ressourcen an handwerklicher Arbeitskraft, um den weltweiten Markt für Kunst und Design zu beliefern. Andere Länder, wie beispielsweise China, sind

zwar in der Lage, Waren in riesigen Mengen mechanisch herzustellen. Doch in keinem Land kann jedes einzelne Stück händisch und individuell hergestellt werden – das ist nur in Indien möglich.

Künstler und Designer, die die Vielfalt an Möglichkeiten, die dieses Land bietet, zu schätzen wissen, kommen in Scharen nach Indien. Sie nützen das reiche Angebot an handwerklichen Fähigkeiten, die von Generation zu Generation weitergegeben wurden. Der amerikanische Designer Michael Aram, der seine Wohnaccessoires in Indien herstellen lässt, erklärt, dass es »nirgendwo sonst auf der Welt möglich ist, einen solchen Facettenreichtum an handwerklichen Fertigkeiten zu finden«. Textildesigner wie Christopher Moore aus England haben das Gefühl, ein Kreis würde sich schließen: Moore lässt in Indien Chinoiserien herstellen, die in Europa schon vor Jahrhunderten höchst begehrt waren. Die französische Designerin Brigitte Singh wird für ihre exquisiten handbedruckten Baumwollstoffe gefeiert – viele darunter sind von klassischen Mogulstoffen inspiriert. Auf diese Weise wird westliches Feingefühl für Materialien und Gestaltung mit der Quintessenz Indiens vermischt: in Jahrhunderten weiterentwickeltes Talent, Kreativität und Genialität.

Gleichermaßen aber können sich mittlerweile zahlreiche indische Designer und Design-Unternehmen mit ihren Markennamen auf dem internationalen Markt etablieren. An Verve und Selbstvertrauen mangelt es dabei nicht. Sie beschäftigen nicht nur Hunderte von Handwerkern, deren Können mit der Industrialisierung in Gefahr lief, einfach zu verschwinden, sie sind außerdem führend darin, nach traditionellen Methoden hergestellte Produkte für die Gegenwart und ihre Bedürfnisse zu adaptieren. Anupam Poddar und sein kreatives Team bei Devi Designs arbeiten mit der uralten Technik der Messingverarbeitung und schaffen damit Gegenstände, die sowohl auf dem nationalen als auch auf dem internationalen Markt reüssieren. Und Indiens berühmtester Modeschöpfer Tarun Tahiliani stützt sich vielfach auf die hoch entwickelte und bis zur Perfektion kultivierte Tradition indischer Stickkunst.

Nach einer Zeit, als man das indische Handwerk für nahezu ausgestorben hielt, weht nun ein frischer Wind durch Indiens traditionsreiche Werkstätten. Ihre königlichen Auftraggeber sind zwar längst von der Bildfläche verschwunden, und ihre demokratischen Nachfolger auf Regierungsebene hätten sie wohl kaum ersetzen können. Doch längst gibt es neue Auftraggeber, mit denen kaum einer gerechnet hat: Indiens wachsender Mittelstand, der mittlerweile so groß ist wie die Bevölkerung der Vereinigten Staaten von Amerika. Es ist weiter nicht erstaunlich, dass die Welt längst an Indiens Türen klopft.

Links Als er seinen »Skelett-Stuhl« gestaltete, war Michael Aram laut Selbstauskunft »von der spielerischen Idee inspiriert, auf dem Knochengerüst von jemandem zu sitzen.«

Rechts Die dreibeinigen Schalen und *Neptune*, das Vorlegebesteck *(Seite 108)*. Vieles in Arams Werk wird von der Natur beeinflusst, alles wird handgeschmiedet und bekommt auch den letzten Schliff von Hand.

Ein Amerikaner in Delhi

New Delhi

Gegenüber Der Vorraum in Michael Arams Wohnung. Am vorderen Ende wurde ein Metallgitter eingesetzt, das aus gigantischen Bronzeschlüsseln – geschmiedet in seiner Werkstätte in Delhi – geformt wurde. Das Ganze ist sowohl eine surreale Installation als auch ein witziges Apropos: Eine Sicherheitstür aus Schlüsseln. Im Zentrum des lang gestreckten Raums steht die üppige Skulptur *Braid* von G. Ravinder Reddy, ein organisches Farbenmeer, das vom blumengeschmückten Haar der Frauen inspiriert wurde. Der Lüster, in einem kleinen Ramschladen in Delhi gefunden, stammt aus der von Aram geliebten Kolonialzeit; geschnitzte Blüten und eine von Lotus bekrönte Mittelsäule geben dem Stück einen gleichsam botanischen Charakter.

Michael Aram ist ein armenisch-amerikanischer Wohnaccessoire- und Möbeldesigner, der sowohl in New York als auch in New Delhi lebt. Seit den späten 1980er Jahren produziert er in Indien. »Nichts ist hier vereinheitlicht, jedes einzelne Stück hat seine individuelle Qualität, in der etwas vom Charakter des Handwerkers steckt.«

Seine Wohnung stammt aus den 1940er Jahren, als man noch große Räume baute. Für sie sammelt er langsam und mit kritischem Blick: »Objekte lösen bei mir Gefühle aus, sind voller Symbolkraft und haben immer etwas zu erzählen. So vieles von dem, was man sieht, bleibt im Gedächtnis haften, all diese Stücke sind randvoll mit Bedeutung, mit Bildern, mit Vorstellungen – eine Kette von Assoziationen, die sich automatisch auslöst.«

Dass Individualismus heute zugunsten von Markennamen verschwindet, gefällt Aram gar nicht: »Ich mag Dinge, denen etwas Mysteriöses anhaftet, das sich dann langsam in meine Wohnung und in mein Innenleben integriert.« Die Existenzberechtigung seiner Arbeit erklärt Aram damit, dass er praktischen Objekten, die jeder braucht, stark dekorativen Charakter gibt. Es sind vor allem die rituellen Aspekte von Alltagsgegenständen wie Löffel oder Messer, die ihn faszinieren: »Ich möchte Dinge herstellen, die lächeln machen, innehalten und nachdenken lassen – denn das bereichert und belebt das alltägliche Zeremoniell der Nahrungsaufnahme.«

Links An der Wand des Wohnraums lehnt ein altes Massagebett aus Kerala. »Ich liebe es, weil es so schlicht ist«, erklärt Aram, »es ist funktionell und hat dennoch etwas stark Skulpturales, und es hat Seele. Ich behandle es wie ein wahres Kunstwerk.« Bevor Aram die Wohnung übernahm, hat hier all die Jahre ein einziger Mann gelebt. Jede freie Fläche war senfgelb angemalt, die Wände ganz alt und fleckig von unzähligen Monsunregen, die durch die Löcher eindringen konnten. »Sie war voller verrückter Relikte, Rechnungsbelege, die aufgefädelt an langen Drähten von Kästen herabhingen. Alles war total muffig. Doch ich wollte die Räume renovieren, anstatt sie völlig zu verändern.« Als erstes hat er alle Türen vom senfgelb befreien lassen – heute strahlen sie wieder in der ganzen Schönheit von burmesischem Teakholz.

Unten Details vom Tisch im Wohnraum: Die Madonna mit Kind fand Aram in Südindien. Die Lampe stammt von einem jungen indischen Designer und die Schale von der Künstlerin Nadja Zerunian. Die reich bestickte Tischdecke war ursprünglich die Bespannung eines Baldachins, wie er bei hinduistischen Prozessionen verwendet wird. Die Feuerzangen mit dem Namen *Vine* verkörpern einmal mehr Arams Faszination von organischen Formen und seine Fähigkeit, Praktisches und Wunderbares zu vereinen.

Gegenüber Das Schlafzimmer ist von intimer Größe. In seinem Zentrum steht das massive Bett mit vier hohen Pfosten, wahrscheinlich ein koloniales indo-holländisches Stück. Der Spiegel wurde von dem Amerikaner Raphael Serrano gestaltet und in Raseel Gujral Ansals Firma Casa Paradox *(Seite 24)* hergestellt. Der Türgriff *Eve* ist einer von Arams Gusseisenentwürfen. Aram ist ein Fan der Textilien von Brigitte Singh *(Seite 172–179)*: »Sie versteht es, traditionelle Mogulmuster zeitgenössisch zu übersetzen, indem sie die floralen Motive in ausdrucksstarke Grafik transformiert.« Ein hervorragender Einfall ist, kräftige, dunkle Farben für zarte Stoffe vor dem Fenster zu verwenden: Die Farben machen den Raum dunkler und intimer, und dennoch kann die leichteste Brise die Vorhänge bauschen und eine kühle Atmosphäre schaffen.

Links Michael Aram versteht es, Objekte so zusammenzustellen, dass daraus markantes Neues entsteht. Nichts geht verloren, jedes Element hat Raum zum Atmen und ist dennoch Teil eines großen Ganzen. Aram ist ein wahrer Workaholic, und seine Wohnung ist ein Teil seiner Arbeit: Alles, was er gestaltet und produziert, wird hier integriert. Die Stehlampe, der Tisch und der Stuhl stammen aus der *Enchanted Forest*-Kollektion, und auf dem Tisch stehen zwei dreibeinige Schalen *(Seite 104)*.

Unten Der Wohnraum. »Ich bin«, sagt Aram, »kein Konsument, der wie wild alles kauft, aber ich stöbere gerne, wenn ich durch Delhis zahlreiche Ramschmärkte schlendere.« Am liebsten nimmt er »ein Nichts, um daraus etwas zu machen, ein Stück, das nahe am Verfall ist, um es wiederzubeleben.«

Gegenüber Wohn- und Speiseraum sind zwar ein großes Zimmer, doch Aram verstand es, dieses in zwei atmosphärisch ganz unterschiedliche Räume zu trennen. Dominiert wird der Essbereich von der intensiv himmelblauen Wand und dem von Aram gestalteten Tisch mit seinem monumentalen und fantastischen Aussehen: Eine schwere Steinplatte mit grobem Rand ruht auf einer Reihe von riesigen Kegeln. Sie sind aus Aluminium angefertigt, teilweise vergoldet und wurden in Arams Werkstätten hergestellt. Das Metallbildnis eines Priesters fand Aram in Südindien, wo es wie ein Geschäftsschild an die Außenwand einer Kirche genagelt war, die Öldrucke auf den Nischenbrettern sind Werke von Raja Ravi Varma. Die Wandleuchter *Vesuvio* sowie die Schale und Kerzenleuchter *Birch* stammen von Michael Aram.

Links Das Beeindruckendste an Michels und Carols Haus sind die lebendigen Farben. Doch hinter diesem psychedelischen Farbenrausch liegen klare Überlegungen, wie sich optische Effekte und Praktikabilität am besten verbinden lassen. Der bemalte, polierte Boden lässt sich leicht aufwaschen und der glatte Bezug auf der Bank ist einfach zu reinigen. »Wir versuchen, mühsame Pflichten in lustige Aktivitäten zu verwandeln.« Die riesige Stehlampe ist eine alte Theaterlampe aus Chennai.

Funk und Respektlosigkeit

Pondicherry, Tamil Nadu

»Wir sind die Plastikgeneration und hier herrscht der hohe Geist der Barbie-Puppen.« So beschreibt Michel Arnaud-Goddet das Haus in einem Vorort Pondicherrys, in dem er mit seiner Frau Carol lebt. Das aus Frankreich stammende Ehepaar hat die ganze Welt bereist und sich schließlich in dieser für indische Begriffe kleinen Stadt niedergelassen, weil sie sich in die französische Kolonialarchitektur ebenso verliebt haben wie in die heitere Nonchalance ihrer Bewohner.

Der Plan für das Haus nahe am Sandstrand war schnell gezeichnet: Ein unkomplizierter Bau mit schlichten weißen Wänden, auf denen sich das Licht des Indischen Ozeans spiegeln kann. Das Erdgeschoß ist ein großer offener Raum, in dem sich Wohn- und Essbereich sowie die Küche befinden und der sich auf zwei Seiten zu Veranden hin öffnet, um Zugluft zu gewährleisten.

»Wir lieben die Idee, in Plastik Reichtum zu sehen und es zu recyceln«, konstatiert Carol. Die Künstlerin färbt Plastik und versteht es, Plastikmöbel, die andere längst weggeworfen hätten, zu zerlegen und zu etwas völlig Neuem zusammenzusetzen. Das Ehepaar hat riesigen Spaß daran – sie nennen es »funky fun« – und sieht die 1970er Jahre als eine höchst inspirierende Ära. Ihre Art, alles »chic und billig« zu dekorieren, zelebrieren sie mit wahrer Lust. Und mit berückender Offenheit gesteht Michel, dass sie wohl ihr inneres Kind gefunden haben.

Gegenüber Im kleinen Badezimmer im Erdgeschoß dienen Plastikbecher in vielen Farben zum Aufbewahren der Toiletteartikel, während ein Plastikschlauch zur Lampe über einem Spiegel mit hellblauem Plastikrahmen umfunktioniert wurde. Die Tür ist mit großen Silberpailletten beklebt, in denen sich Sonnenlicht wie auf Wellen spiegelt.

Unten Ein Raum im ersten Stock dient Carol als Atelier. Eine Wand ist vollständig mit alten tamilischen Filmposters beklebt. Die Filme sind eine Leidenschaft Michels: »Ich liebe die Naivität der Themen. Letztlich sind sie alle Collagen.« Carol malt nicht nur, sondern beklebt auch Möbelstücke mit Zeitungsausschnitten: der Hocker in der Mitte ist ein Beispiel ihrer Arbeit. Die beiden Sessel aus den 1970er Jahren wurden neu bespannt, die alte pedalbetriebene Nähmaschine, die Carol benutzt, wird von einer bunten Plastikhaube geschützt.

Rechts Die 1960er Jahre lassen grüßen: Auch am Swimmingpool im Garten hinter dem Haus zeigt sich das Leitmotiv des Hauses – Farben, Plastik, Spaß. Die leuchtend bunten Plastikkugeln (gekauft in einem lokalen Kaufhaus) haben ebenso etwas Surreal-Psychedelisches wie die aufblasbaren Plastikkissen.

Folgende Doppelseite
All die so verwegen und respektlos eingesetzten Farben in dem Haus entfalten sich vor jungfräulich weißen Wänden, und das Licht vom Meer gibt dem Ganzen wunderbare Leuchtkraft. Die beiden weißen, gelochten Wände (hergestellt aus einem billigen, in der Nähe gekauften Zementblock) bilden einen Schirm zum strahlenden Grün des Gartens mit seinen Palmen. Um den Zementtisch stehen einfache, in Massenproduktion hergestellte Plastikstühle. Auf dem Tisch liegt ein von Carol bemalter indischer Topf, und die Lampe darüber hat Carol aus Plastikeierbechern kreiert.

Oben und links Im Küchen-Essbereich wurden Schalen und Kästen, die vom lokalen Basar stammen, mit westlichen Gebrauchsgegenständen zusammengestellt. Ein alter, schwerer Safe wurde, nachdem Carol ihn sich vorgenommen hat, zu einem leichtgewichtigen Möbelstück, das außerdem als großer Sockel für die bemalten Tonfiguren indischer Gottheiten dient. Und von einem alten tamilischen Filmplakat blickt der Held streng auf alles herab, was hier geschieht.

Gegenüber Der Treppenabsatz im ersten Geschoß wird von einer Lampe beleuchtet, die aus nicht mehr verwendeten, umgedrehten Plastikgefäßen gestaltet wurde; bunte Plastikbürstchen dienen als Abschlüsse der Stahlrohre, die als Handläufe der Treppen installiert wurden. Die Blechkisten wurden ebenfalls in der Nachbarschaft gekauft. Die beiden Bilder sind Werke Carols: »Die meisten meinen, meine Arbeiten basierten auf Mandalas. Aber das tun sie nicht. Meine Bilder sind näher an der Op-art. Ich beginne in der Mitte mit einem kleinen Punkt und arbeite um diesen herum weiter. Es ist eine Art entspannende Therapie.

Links Eine Plastikmadonna aus Barcelona, eine wunderschöne handgemachte Motorrikscha aus Karachi und Tom, der USA berühmteste Cartoon-Katze.

Rechts Der Essbereich ist auf der tiefen, überdachten Veranda eingerichtet. Auf der gepunkteten Tischoberfläche stehen drei handbemalte Gipsstatuetten von Hindu-Gottheiten – Ganesh, Kali und Lakshmi *(Seite 119)* –, die Arora in Chandni Chowk in Old Delhi gekauft hat. Dahinter sieht man einen glänzend knallrot gestrichenen Konsoltisch vor einer in breiten horizontalen blauen und weißen Streifen bemalten Wand.

Basarfarben

New Delhi

Die Beatles, Sergeant Pepper, der aufgeblasen und aufgeblasen wird, bis er grenzenlos ist – wham – und kultige Respektlosigkeit. Manish Aroras Prêt-à-porter-Kollektionen sind das buchstäbliche Äquivalent zur »Bewusstseinserweiterung«: Ein ständiges Experimentieren, wozu auch die Zusammenstellung vollkommen unerwarteter Materalien – zum Beispiel bestricktes Kunstleder mit traditionellen Silberfaden-Arbeiten – gehört. Es ist eine quirlige Vielfalt, die entsteht – flippig, funky, Collagen in leuchtenden Farben, sexy, aufsässig und soziale Dämme brechend. Arora wirft Granaten der Subversion in eine Welt, die voller Enthusiasmus durch einen wild wuchernden Konsumwahn taumelt.

Mitte der 1990er Jahre gewann Arora in New Delhi für seine »Parodie auf englische Kleidung des 16. Jahrhunderts« den »Most Creative Student«-Preis und 1995, in Jakarta, hielt man seine Kollektion für die originellste aller jungen asiatischen Designer. Noch vor wenigen Jahren stieß seine Arbeit in manchen Kreisen auf Widerstand, doch ungeachtet der Neinsager kreierte er mittlerweile für Reebok immerhin eine Sneakers-Kollektion namens »Fish Fry for Reebok«. Bei der Londoner Fashion Week wurde seine Kollektion von einem britischen Designer als die »vitalste und mitreißendste der ganzen Woche« gefeiert. Und im Jahr 2006 wurde er vom indischen Nachrichtenmagazin *Outlook* zu Indiens Top-Modedesigner gewählt.

Rechts »Mein Haus sollte sagen: ›Hier lebt ein Mensch, der definitiv glücklich ist und das Leben liebt.‹« Die halbrunde Bank lässt an einen dubiosen Nachtclub denken. Obwohl die vertikalen Streifen der Bank ebenso wirkungsstark sind wie die Muster der Kissen darauf, differieren Farben und Muster so klar, dass jedes Element für sich vor allen anderen bestehen kann.

Unten Zu den Materialen seiner rezenten Kollektion gehören Kunstleder-Applikationen, die hier an die Wand sowie an die Türen und Laden des Sideboards geklebt sind. Das nahezu vollkommene Fehlen herkömmlicher Möbel stellt einmal mehr unter Beweis, wie wesentlich allein die Möglichkeit, etwas zu verändern, für Arora ist: Die Kissen auf dem Boden können mit jenen auf der Bank ganz leicht ausgetauscht oder weggenommen werden. Für Möbel oder Wohnaccessoires gibt er nicht viel Geld aus, ist doch alles bloß Übergang und Veränderung – jetzt und immer.

Gegenüber Die Perlen auf dem Tisch sind Teil von Aroras Mode, und diese Girlanden werden in Tempeln über die Statuen von Gottheiten drapiert.

Rechts Vorratsgläser voller Pailletten für Aroras Kleider sind ein Bild konstanter Veränderung. Die Drachen darüber, tausendfach händisch in Ahmedabad, Gujarat, hergestellt, fliegen während des Uttrayana-Fests durch die Lüfte, und die Spielzeugroboter kommen aus Barcelona.

Unten rechts Detail der drei indischen Gottheiten auf dem Verandatisch *(Seite 116)*.

Folgende Doppelseite
Links Obwohl Arora den kleinen Vorraum sehr üppig gestaltet hat, sind die klaren Formen erkennbar. Die Decke ist von einem komplizierten Netz aus fluoreszierend gefärbten Wollfäden überzogen. Links steht eine kitschige Statue aus Afrika, auf dem Regal dahinter ein goldener Plastik-Kerzenleuchter, wie er beim hinduistischen Fest des Lichts – *diwali* – verwendet wird. Im Zebrastreifen-Regal ist eine Andy-Warhol-Persiflage zu sehen: von einem befreundeten Künstler gemalte Porträts von Arora. Und die Würfelhocker bekommt man in New Delhi in jedem Möbelmarkt.

Rechts Das Himmelbett ist zwar das konventionellste Möbel Aroras, hat aber mit dem Spiegelherz ebenfalls etwas Kitschiges. Am Rahmen des Betthimmels hängen persönliche Souvenirs, darunter seine Eintrittskarte von der Londoner Fashion Week. Über den Bettpfosten wurde eine gestrickte Klopapierrollenhaube gestülpt; die Bettdecke stammt aus dem Delhi Haat, einem Kaufhaus für Kunsthandwerk, die Gummipuppen über dem Betthaupt aus Barcelona. Das Spitzenmuster um die Türrahmen und am Deckenrand wurden mit Schablonen aufgemalt.

Aroras Wohnung ist bewusst flexibel gestaltet. Er ist vor zwei Jahren eingezogen und hat sie innerhalb von acht Tagen eingerichtet – in einem instinktiven, impulsiven und ganz planlosen Prozess. »Es kann sein, dass ich das ganze Appartement in einem Jahr wieder verändere – das ist meine Motivation, die treibende Kraft. Mein Geschmack entwickelt sich ständig weiter und ich will auf keinen Fall in irgendetwas feststecken, das meinen Stil in zehn Jahren bereits heute definiert.« Jetzt jedenfalls ist sein Stil ein Füllhorn wild zusammengestellter Farben und Muster (er liebt Bollywood-Poster, gigantische handgemalte Filmplakate und Kalenderblätter mit Hindu-Göttern). Alle Stoffe sind Teile seiner Kollektionen. »Ich möchte, dass Menschen zu mir kommen und sich wohlfühlen. Ich will keine Wohnung, in der man es sich zweimal überlegt, ehe man sich irgendwo hinsetzt. Und worin bitte liegt das Vergnügen, etwas zu besitzen, das kaputtgehen könnte?«

LONDON FASHION WEEK
Manish Arora
THE TENT

Links Das Gemälde in dem freundlich-hellen Wohnbereich stammt von Simeen Oshida, einem Freund.

Rechts »Ich wollte einen Platz, der ›funktioniert‹, und ich konnte gut auf all das Unwesentliche in meinem Leben verzichten.« In jenem Bereich, der auch für Gäste vorgesehen ist, kreierte Merwanji einen genialen Schiebemechanismus, der aus dem niedrigen Sofa ein Bett macht. Die Stehlampe wurde von Soto Décor – Sonja Weder und Thomas Schnider – in Goa entworfen, und die kannelierte Fiberglasstatue ist auch im Spiegel unten zu sehen.

Eine Brise vom Arabischen Meer

Mumbai

Suzanne Caplan Merwanji kam aus Großbritannien, heiratete einen Parsen und lebt nun in Mumbai, wo sie für eine der ältesten Filmindustrien der Welt arbeitet – Bollywood: Sie stolperte einfach hinein, fand aber schnell heraus, dass es ihr großen Spaß bereitete, am Set gleichzeitig kreativ, einfallsreich und findig sein zu müssen. Eines Tages entschloss sie sich, ihr weitläufiges Art-déco-Haus gegen etwas auszutauschen, das besser zu ihrem anstrengenden Leben passte. Wohlmeinende Freunde zweifelten an ihrer Wahl: Das erwählte Haus wäre nicht zentral genug, zu klein, zu dunkel, nichts als eine Ansammlung charakterloser Kuben. Merwanjis Ansicht nach war das jedoch eine ihrer besten Entscheidungen. Sie ließ sich einen schlichteren Raumplan einfallen und verwandelte die drei würfel-ähnlichen Zimmer in einen einzigen großen, offenen, hellen Raum, der geteilt werden kann, wenn Freunde oder Familienmitglieder einmal über Nacht bleiben möchten. Heute ist das Appartement so kompakt wie hell, leicht in Schuss zu halten und sofort wieder belebt, wenn sie nach anstrengenden Dreharbeiten an weit entfernten Orten wieder nach Hause zurückkommt.

In Bandra West, einem kleinen Fischerdorf, das längst in der sich ausbreitenden Stadt aufgegangen ist, hat sich, erzählt Merwanji, eine starke gemeinschaftliche Atmosphäre erhalten. Eine beständige Meeresbrise macht die Wohnung ebenso einladend wie der unvergleichliche Blick: ein 180-Grad-Panorama über das Arabische Meer am Rande der Megalopolis Mumbai.

Gegenüber Wo ursprünglich Wände den Blick in das Schlafzimmer verstellten, das Esszimmer verkleinerten und sowohl den Luftzug als auch das Licht vom Fenster zum Dorf einschränkten, entstand ein großer Raum. Die Falttüren mit den Lamellen im oberen Bereich trennen die Räume, wenn Intimität gefragt ist. Merwanji kaufte sie auf dem Markt für alte, erhaltene Türen und Fenster in der Stadt. Den Standspiegel und den Schrank mit den Glastüren fand sie im Chor Bazar. Der große Esstisch ist sowohl kommunikativer Mittelpunkt als auch Arbeitsplatz, und die Klappstühle aus Metall – vom lokalen Markt – kann man schnell wegräumen, um zusätzlich Raum zu gewinnen. Der Bodenbelag ist aus Shahbad-Kalkstein, der üblicherweise unversiegelt verlegt wird *(Seite 56)*.

Oben rechts Die Badezimmer wurden vollkommen neu gestaltet und ausgestattet. Das Gästebadezimmer hat Merwanji soweit vergrößert, dass nun eine Badewanne mit Dusche darin Platz findet. Der Spiegel mit dem Messingrahmen kommt aus Madhya Pradesh, die kompakten, nüchternen Messingarmaturen aus dem lokalen Kaufhaus.

Dictionary
Italy
tank book

Gegenüber Sonnenstrahlen tauchen den Esstisch – mit Besteck und Servierschüsseln aus Michael Arams Werkstätte in Delhi *(Seite 104)* – in warmes Licht. Die Türen im Hintergrund verschließen für diesen Augenblick das Schlafzimmer. Die Holzstatue hat Merwanji ebenso auf dem Chor Bazar gefunden wie den Glaslüster, den sie nach und nach mit bunten Kristallgirlanden und -anhängern verziert. Sämtliche Winkel, wo Boden und Wand sowie Wand und Decke aufeinander treffen, hat sie abgerundet: »Es ist das erste moderne Gebäude, in dem ich jemals gelebt habe. Ich wollte ihm die Härte nehmen und die Gleichmäßigkeit aufweichen.«

Oben Am meisten an dieser Wohnung liebt Merwanji diesen Blick auf das Arabische Meer, dem sie mit den Teakholzfenstern einen neuen Rahmen gab. Die Kissen sind mit *mushru* bezogen, einem auf Baumwollbasis erzeugten Satin, wie ihn orthodoxe Muslime anstatt Seide tragen.

Rechts Die Türen zum Schlafzimmer sind nun geöffnet. Die Lampen stammen wiederum von Soto Décor, hinter der rechten befindet sich ein weiteres Gemälde von Simeen Oshidar. Eine moderne Kopie antiker Kaschmirschals ist über das Fußende des Bettes gebreitet.

Links Die große Halle. Das Gemälde über dem Sofa ist ein Werk Simeen Oshidars. Den Tisch aus Kokospalmenholz ließ sie ebenso wie eine Bank in der Küche bei einem lokalen Tischler anfertigen. Die Tierfigurinen kommen aus Madhya Pradesh und wurden nach einer alten Verlorene-Wachsform-Methode angefertigt. In Udaipur, Rajasthan kaufte sie die Kissen mit der Umrahmung aus Kaurimuscheln. Die Wandlampen hat Merwanji selbst entworfen, die Holzrahmen bei dem lokalen Tischler herstellen lassen und ihnen selbst mit handgeschöpftem Papier den letzten Schliff gegeben.

Rechts Diese Kissen sind mit bedruckten Stoffen bezogen – sie stammen von einem Kleidermarkt in Mumbai –, aus denen die hier ansässigen Frauen ihre Saris anfertigen.

Indien + Portugal + Großbritannien

Nagoa, Goa

Portugal, die ehemalige Kolonialmacht, schuf in Goa eine Art kosmopolitische Hybride, deren liberaler Lebensstil zusammen mit den wundervollen weißen Stränden seit Jahrhunderten Menschen magnetisch anzieht, nicht zuletzt die Hippies der 1960er und 1970er Jahre. In dieses soziokulturelle Ambiente zieht sich Suzanne Caplan Merwanji zurück, wenn sie Abwechslung von ihrem Leben im Mumbai braucht *(Seite 122–125)*.

Das Haus war in einem erbärmlichen Zustand, als Merwanji es kaufte. Doch sie empfand die Herausforderung als durchaus reizvoll: dem Haus einerseits seinen ursprünglichen Glanz wiederzugeben und es andererseits ihren eigenen Bedürfnissen anzupassen. Als sie die architektonischen Sünden – eine verbaute Veranda und die Unterteilung der großen Eingangshalle in eine fensterlose Zimmerflucht – eliminiert hatte, konnte sie dem Haus ihren eigenen Stempel aufdrücken. Zuerst bekam es zusätzliche Fenster und jene Falttüren mit Lamellen, die sie auch in ihrer Wohnung in Mumbai eingebaut hat. Damit wurde das Haus heller und der Blick in den Garten besser. Behaglichkeit und Intimität sind für sie nicht zu überbietende Schlüsselbegriffe: »Mehr als alles andere möchte ich mein Haus so haben, dass die, die mir wirklich nahestehen, sich hier wohlfühlen und das Gefühl haben, auf eine vollkommen entspannte Gastgeberin zu treffen.«

Unten Der Blick aus der Diele in den hinteren Teil des Cottages. Die Art-déco-Sessel stammen aus Mumbai, das Krishna-Gemälde, Kopie eines Bildes aus Mysore, schuf ein kanadischer Freund, der sich mit Sanskrit befasst und Künstler ist. Über dem dahinter liegenden Raum ließ Merwanji eine Dachkonstruktion errichten, wodurch eine tiefe Veranda entstand, auf der man vor der Sonne geschützt ist, aber auch dem strömenden Monsunregen zuhören kann. Das Bild an der hinteren Wand hat sie bei einer Ausstellung junger Künstler in Mumbai gekauft.

Rechts Detail vom niedrigen Tisch auf der Veranda. Die Bronzehand hat Merwanji in Khajuraho gekauft, als sie dort drehte: »Eigentlich ist es ein banales Souvenir für Touristen, aber ich liebe das Stück trotzdem sehr.« Um das Handgelenk hat sie einen Blumenkranz gewunden. Der kleine Messingkerzenleuchter kann, wenn er gerade nicht benützt wird, zur Knospe zusammengefaltet werden.

Gegenüber »Ich habe meine Ferien oft in Goa verbracht, und dabei gelernt, dass das Innere der Häuser nur selten in Anspruch genommen wird – wozu auch in einem Klima, das vor allem während der Wintermonate so besonders angenehm ist. Ich liebe deshalb den *balcao* (ein überdachter Gang) am vorderen Teil meines Hauses ganz besonders. Früher sind hier die Hausbesitzer gesessen und haben mit Freunden, die zufällig vorbeikamen, geplaudert. Bei meinem Haus war dieser Teil mit Ziegelwänden an beiden Seiten plump verbaut.« Merwanji hat sie abgerissen und den großzügigen Bereich, der zur Eingangstür führt, wiederhergestellt.

Oben Unkompliziert und behaglich lauten die Schlüsselbegriffe für die hintere Terrasse mit den Liegestühlen und den traditionellen *charpoys* (Tagesbetten, die aus Holz und Tauen hergestellt werden). »Was meinen Garten betrifft, so lerne ich immer noch: einerseits durch ›trial and error‹, andererseits aus vielen Bücher. Mit jedem Monsun verändert sich wieder alles, dann entferne ich Pflanzen, die nicht wachsen wollen und probiere es mit anderen.« Mit Kerzenlicht und einem im Baum aufgehängten Lüster mit Kerzen wird der Garten abends besonders zauberhaft. Dann ist die Luft wie Champagner, gefüllt mit dem Duft der Blumen und des nahen Meeres, leise vibrierend vom Zirpen der Grillen.

Folgende Doppelseite
Links Wo immer es möglich war, versuchte Merwanji ursprüngliche Substanz, wie beispielsweise Türen und Bodenfliesen, zu erhalten. Das Interieur hat sich langsam im Laufe von neun Jahren entwickelt und verändert sich nach wie vor, wenn sie Möbelstück, die ihr in die Hände fallen, mitbringt. Über dem Stuhl hängen Glasgemälde von Simeen Oshidar, den Merwanji ganz besonders schätzt.

Mitte Wer vom Schwimmen im Meer zurückkommt, kann im Garten duschen. Mehr Komfort findet sich im Badezimmer drinnen. Die meisten Fenster des Hauses sind unverglast, haben jedoch Fensterläden. Für Privatsphäre, ohne alles fest verschließen zu müssen, hat Merwanji traditionelle *chics*, Bambusjalousien, angebracht.

Rechts Man hat diese Häuser ganz bewusst zum Schutz vor Sonne und Hitze konstruiert: Auch die Küche wurde hoch gebaut, damit die Luft ungehindert durchziehen kann und die Temperatur in einem erträglichen Maß hält. Den Tisch hat ein lokaler Tischler gezimmert, die Hocker stammen von einem Markt in der Gegend und wurden von Merwanji gestrichen.

Oben Die beiden Betthäupter *(rechts ein Detail)* hat Merwanji von dem Designerduo Sonja Weder und Thomas Schnider von Soto Décor *(Seite 165)* gekauft. Mit den in Schmiedeeisen gefassten getrockneten und gepressten Elefantenohr-Blättern fügen sie sich besonders gut in das Ambiente ein: diese Pflanze wächst auch draußen im Garten. Der Tisch neben dem Bett wurde aus Kokospalmenholz von einem lokalen Tischler angefertigt, die Bilder an den Wänden sind indische Kalenderillustrationen von Raja Ravi Varma. Die Vorhänge wurden aus Saris hergestellt, und die Fenstergitter sind ein Entwurf von Merwanji, die sie bei einem Schmied in der Gegend anfertigen ließ.

Gegenüber An der Wand über dem Kopfende dieses Betts hängt ein Patchwork aus alten Stoffen. Das Bild über der Tür ist ein Werk von Manisha Parekh, das er als Student malte. Heute ist er ein angesehener Künstler und ein Freund Merwanjis.

Links Die Blumen im Garten, den Raj Himatsingka angelegt hat, bringen Farbe in das Haus mit seinen weißen Wänden, den Holzböden und -fensterrahmen. Durch das Fenster blickt man in den Salon, dessen Interieur sich durch eine geradezu zenbuddhistische Reduktion auszeichnet.

Rechts Nischen sind in Indien ein allgegenwärtiges architektonisches Detail. Raj Himatsingka schuf aus der Form eine Installation: Die Glasvasen sind mit Sand gefüllt, den sie rund um die Welt gesammelt hat, unter anderem an den Stränden Mexikos, im süditalienischen Positano, in Goa und Puri, und der sie immer wieder an diese weit entfernten Orte versetzt. Das Arrangement aus Wüstenblüten erinnert an die Reinheit, Klarheit und Schlichtheit dieser Gegenden.

Weggezaubert

Bangalore, Karnataka

Raj und Dinesh Himatsinghka zogen von Kolkata (Kalkutta) nach Bangalore, als sie ihr neues Unternehmen – die Produktion von exquisiten Stoffen für den amerikanischen und eropäischen Möbelmarkt – gründeten. Er wollte sich vor allem auf Seide als ihr spezielles Markenzeichen konzentrieren, und die besten Seidenwebereien befinden sich nun einmal im Bundesstaat Karnataka, dessen Hauptstadt Bangalore ist (von hier stammen 85 Prozent der gesamten Seidenproduktion Indiens). Zuletzt haben sie unter dem Namen Atmosphere 24 sehr chice, sehr moderne Ausstellungsräume eröffnet, wo sie ihre Kollektionen präsentieren.

Vor über zwanzig Jahren mietete das Ehepaar ein Haus, das sie immer als schwer und erdrückend empfanden. Als sich dann plötzlich die Gelegenheit ergab, dieses Haus zu kaufen, zogen sie sofort um: Über einen Zeitraum von zweieinhalb Jahren höhlten sie das Haus regelrecht aus und schufen einen völlig neuen Grundriss. Dinesh – der meint, er wäre Architekt geworden, wäre er mit den Stoffen nicht so erfolgreich gewesen – hat sich der Gestaltung ihres neuen Hauses besonders intensiv gewidmet. Das Paar hat genau gewusst, was es wollte. Schon bevor sie verheiratet waren, erzählt Raj, wussten sie, dass sie immer ein Interesse teilen würden: die Gestaltung ihres Wohnraums.

Die Reinheit des Zen: Die horizontal unterteilten Schiebetüren mit dem Milchglas in der Eingangshalle des Hauses erinnern an traditionelle japanische Reispapier-Türen. Den Bonsai hat Raj Himatsingka in ihrem Garten gezogen.

Das Haus spiegelt die Wesensart dieses stillen und bescheidenen Ehepaares wider. Symmetrie verleiht Harmonie und Balance; das Klima in Bangalore machte es möglich, Mahagoni für die Fußböden zu verwenden, anstatt der harten Steinarten, die sonst oft verwendet werden. Und was dem Haus außerdem einen speziellen Charakter verleiht, ist eine besondere Art von diffuser Beleuchtung.

Mehr Möbel oder Dekoratives brauchen sie nicht, um sich individuell oder komplett zu fühlen *(siehe auch das Speisezimmer, Seite 6/7)*: Es ist wie es ist. »Wir sind definitiv extrem selektiv, wenn es darum geht, neue ›Objekte‹ zu kaufen. Ein befreundeter italienischer Architekt meinte einmal, dass wir nichts anderes als ›von Dingen umgebene Dinge sind. Ohne dass wir es merken, beeinflussen sie uns.‹ Wir haben uns das zu Herzen genommen und überlegen ganz genau, wenn wir etwas für das Haus kaufen.«

Oben und gegenüber unten Der an Zen erinnernde Stil, Resultat der vielen Auslandsreisen des Ehepaares, ist stark von indischen Traditionen verbunden mit zeitgenössischem Minimalismus beeinflusst, erklärt Dinesh Himatsingka. Das Weiß des Interieurs, so Raj Himatsingka, »ist eine unbestimmte Farbe – weder kalt noch warm. Mit anderen Farben kann ich auf Dauer nicht leben. Farben verändern sogar Jahreszeiten: blaue Wände machen kühle Tage kälter, rote machen heiße Tage noch heißer.« Die Möbel des Wohnzimmers hat ein lokaler Tischler hergestellt. Die horizontale Nische *(gegenüber unten)* gehört zu den wenigen dekorativen Elementen in dem Raum und ist daher ein ganz besonderer Blickfang, vor allem wenn die untergehende Sonne die Form zusätzlich betont. Sie ist die Verkörperung der Stille, nach der sich die Himatsingkas sehnen.

Oben Der obere Treppenabsatz ist – abgesehen von einem Schreibtisch und einem Stuhl – nahezu leer. Die Sitars sind keine Dekoration: Die Mutter Raj Himatsingkas hat sie ihrer Tochter gegeben, als sie sie lehrte, das Instrument zu spielen. Teppiche gibt es auf dem Mahagoniboden nur wenige. Doch es sind einige Details zu sehen, die das Paar explizit vom Architekten forderte: Die Fensterrahmen sind flach in die Wände eingelassen und frei von Metallteilen, und den Winkeln zwischen Wänden und Decke wurde durch Rillen die Härte genommen.

Unten Ihr Schlafzimmer mit seiner hellen Großzügigkeit ist jener Raum, den die beiden am meisten vermissen, wenn sie auf einer ihrer zahlreichen Geschäftsreisen rund um den Erdball sind. Wo immer es möglich war, ließen Dinesh und Raj Himatsingka große Tafelglasfenster einsetzen, damit der Garten zur prächtigen Kulisse jedes Raums werden kann.

Gegenüber Badezimmer sind üblicherweise die verborgensten Bereiche eines Hauses. Die Himatsingkas jedoch haben ihres zum üppigen Grün des Dschungels geöffnet – was auch bedeutet, dass das Badezimmer von den Nachbarhäusern aus nicht eingesehen werden kann. Die Türen des Schranks und des Unterschranks reflektieren die verschiedenen Einflüsse, die das Ehepaar inspiriert hat: Das Holz ist japanisch, das offene Gitter jedoch erinnert an die durchbrochenen Wandschirme Indiens, die *jalis*.

Links Das Trompe l'œil-Motiv in der Diele – es erinnert an ottomanische Brücken, durch deren Bögen man die Wolken sehen kann – hat Bronwyn Latif gemalt. Auf dem Boden liegt ein Exemplar aus einer Sammlung von Samarkand-Teppichen. Das Haupt der Hygieia ist eine Reproduktion aus dem Athener Nationalmuseum und der »spanische« Holztisch ist eine Replik aus Rajasthan.

Rechts Die Kissen – Entwürfe Bronwyns und in ihrer Werkstätte angefertigt – sind aus Seidenfäden und Glasperlen auf *mushru (Seite 91 oder 125)* hergestellt. An die Gewänder nobler Türken oder Moguln erinnern die Umrandungen aus wundervoller Seide. Die stilisierten Fruchtmotive waren bereits bei den höfischen muslimischen Künstlern und ihren adligen Auftraggebern sehr beliebt.

In the Pink

New Delhi

Die in Australien geborene Bronwyn Latif und der aus England stammende Salim Latif waren die klassischen müßiggängerischen Aussteiger der 1970er Jahre. Sie lernten einander in London kennen, zogen dann für sechs Jahre auf die griechische Insel Lesbos, wo sie sich griechisch-orthodox taufen ließen und in einer kleinen, auf einem Berghang gelegenen Kapelle heirateten. Obwohl die Eltern beider vehement und lautstark dagegen protestierten, setzten die beiden ihr unabhängiges Leben fort und zogen Überland in die Türkei, in den Iran und nach Afghanistan, bis sie schließlich in Delhi landeten.

Bronwyn hatte Keramik am Royal Melbourne Institute of Technology studiert, jedoch nie in diesem Metier gearbeitet. In Delhi war sie von der höchst kultivierten und verfeinerten Kunst der Stickerei fasziniert, und nach einiger Zeit, in der sie im Bereich der Mode arbeitete, eröffnete sie eine Werkstätte, in der exquisite Stickarbeiten für Möbelstoffe hergestellt werden.

»Oh Gott« – Bronwyn greift sich an den Kopf, wenn sie über ihr gemeinsames Haus spricht – »meine Schachtel, mein Betonbunker

Unten Nahezu alle Möbel sind entweder von Diplomatenhaushalten oder in Möbelkaufhäusern aus zweiter Hand gekauft. »Ich mag die Herausforderung, ein Möbelstück neu zu erfinden.« Der Muschelspiegel entstand aus Muscheln, die sie während eines Familienurlaubs in Mahabalipuram gesammelt hat und auf einen Spiegel vom Flohmarkt klebte. Der prachtvolle Paravent links, den sie entworfen hat und anfertigen ließ, ist von einem ihrer Lieblingsplätze inspiriert, dem Speisesaal von Sultan Ahmed III. im Topkapi in Istanbul. Der »Monsunwolken«-Stoff auf dem Armsessel ist ein weiteres Design Bronwyns und beeinflusst von einem herrlich luftigen Raum im Lalgarh Palast in Bikaner. Die Türumrandung, für die ebenfalls *mushru* verwendet wurde, entstand nach türkischen Iznik-Kacheln und -Bögen. Und das Sofa aus Rohrgeflecht hat sie auf dem Shanker-Markt in New Delhi anfertigen lassen.

Rechts Ihre ungebrochene Vorliebe für Pink betrachtet Bronwyn mit Ironie: »Nein, es ist kein Witz, es ist eine Farbe, die glücklich macht. Und es ist eine indische Farbe.« Die Lotuslämpchen im Vordergrund hat sie wie viele ihrer anderen fantastischen pinkfarbenen Objekte auch einfach irgendwo gefunden – in diesem Fall in einem buddhistischen Geschäft in Sydney in Australien.

aus der Post-Unabhängigkeitsära.« Doch dieses Haus bot ihr – einer Leinwand gleich – den leeren Raum, in dem sie ihre Kreativität entfalten konnte. Die Reisen haben sie zutiefst beeinflusst, erklärt sie, und was sie da sah, bildet heute die Kerninspiration ihrer Dekorations- und Textildesigns. »In erster Linie ist meine Arbeit von jenen Bildern beeinflusst, die mir von Asien im Gedächtnis blieben – die wundervollen Keramikfliesen. Und in Afghanistan war es der fabelhafte zentralasiatisch-russische Chintz – Muster auf Muster auf Muster ... Ich träume immer davon, minimalistisch zu werden, aber ich fürchte, dazu wird es nie kommen!« Ihre Leidenschaft gilt aber nicht nur Mustern, sondern auch Farben: »Das Haus funktioniert nur aufgrund der Farben. Farbe ist überhaupt das Wichtigste im Leben – das und eine Brise Frivolität sind absolut essentiell.«

Gegenüber Das Speisezimmer ist eine Collage, die die Reisen der Latifs ebenso widerspiegelt wie ihre kreativen Interessen. Angefüllt ist der Raum mit einem Kaleidoskop dekorativer Gegenstände, die Bronwyn seit ihrem fünfzehnten Lebensjahr sammelt. »Das Haus lebt aufgrund der Farben, das ganze Interieur hängt damit zusammen.« Die Wände hat sie in »Passion Pink« gestaltet – der Effekt von rosa Brausepulver ist beabsichtigt. Das Porzellan im Sideboard stammt von überall auf der Welt: das »Gärtner«-Geschirr kommt aus Afghanistan, das Ching-Küchengeschirr vom Chor Bazar in Mumbai; die holländischen »Maastricht«-Stücke waren Schiffsballast europäischer Frachter, die aus Indien vollgeladen mit Gewürzen und Stoffen wieder wegfuhren. Das Porträt Bronwyns stammt aus den 1970er Jahren und wurde von dem australischen Künstler Greg Irvine gemalt, von dem auch das Bild über der Tür stammt. Die hölzernen Kamele auf dem Tisch könnten Wächter der »Beschützerin der Kinder«, die durch die Wüste reitet und Kinder in Schwierigkeiten sucht, sein.

Rechts und unten Das Studio. Die römische Jalousie wurde von einer Glyzinie, die Bronwyn in Griechenland sehr liebte, inspiriert. Der Dhurrie-Teppich wurde von Sträflingen in einem Gefängnis in Rajasthan gewebt. Den Sessel im Stil Lloyd Looms machte Manju Singh in Delhi, und der Lampenschirm mit den handgemalten Eisvogel-Motiven in der hinteren Ecke stammt aus Kashmir. Die Puppen zum Ausschneiden aus Pappe *(unten)* hat die Tochter der Latifs von einem Straßenhändler erstanden. Und die kleine Babypuppe, die aussieht wie Rajiv Gandhi *(rechts unten)*, ist ein Bala Krishna, wie er während des Janamastami-Fests in Südindien verwendet wird.

Links Die Bettwäsche wurde von »Hoogly-Wallahs« in Kolkata bestickt: Mit ihren Waren, die sie unfassbar hoch auf ihre Fahrräder packen, fahren diese Arbeiter durch die ganze Stadt, rufen laut ihre Angebote aus und breiten die Stoffe dann mit großen Gesten auf den Veranden potentieller Kunden aus. Es waren diese Stickereien, die Bronwyn Latifs Aufmerksamkeit erregten. Das Gemälde über dem Bett – es stammt von einem Künstler aus Jaipur – hat Bronwyn zu den gemalten Bögen, die man durch die offene Tür sehen kann, angeregt. Die Schachteln auf dem kleinen Schrank sind handgemacht und mit handgefertigtem marmorierten Papier bezogen. In ihnen bewahrt Bronwyn ihre Seidenblumen, Armreifen und Accessoires für ihre Partykleider auf.

Unten Gebaut wurde das Haus in den 1950er Jahren, als es der Mittelstand sehr modern fand, Badezimmer nach westlichem Stil zu installieren.

Links Muster von Christopher Moores Arbeiten gestapelt auf einem klassischen Textilladentisch. Die meisten sind Variationen »à l'indienne«: Kopien aus dem Frankreich des 18. Jahrhunderts und Beispiele für importierten Chintz, den die British East India Company in Indien herstellte. Den Tisch ließ Moore in Delhi nach einer alten französischen Fotografie herstellen.

Rechts Indigo ist eine Pflanzenfarbe, für die Indien besonders berühmt ist, und sie gehört zu den Favoriten Moores: »Sie glüht förmlich und hat eine ganz besondere Leuchtkraft. Auch die kleinen Unregelmäßigkeiten und die subtilen Intensitäts- und Farbvarianten sind überaus reizvoll.« Hier ist eine Auswahl historischer Muster aus dem Moore-Archiv zu sehen.

Florale Wunderwelten

New Delhi

Christopher Moore, der im heutigen Zimbabwe geboren wurde und auch aufwuchs, kam in den 1970er Jahren nach England, wo er eine Ausbildung als Textildesigner (und Ballett-Tänzer!) erhielt. Danach hat er sich auf antike französische Toile-de-Jouy-Textilien spezialisiert, die er in den Städten und Dörfern Frankreichs erwarb und jahrelang in seinem Geschäft in London verkaufte. Als er 1994 nach Indien kam, erkannte er das Potential des Landes – und insbesondere jenes New Delhis – für die Produktion eigener Stoffe. Sieben Jahre später entschied er sich für Delhi, wo seine Stoffe nun entworfen und hergestellt werden. »Ich fühle mich tatsächlich kreativer, wenn ich in Indien bin. Wenn man hier eine Designidee hat, kann man in ein, zwei Tagen mit einem Muster rechnen. Es ist diese Unmittelbarkeit – in London kann es Monate dauern, dasselbe zu erhalten.«

Der Stoffhandel zwischen Europa und Indien (Chintz, Lebensbaum-Muster, Ikat- und Indigofärbungen) erreichte seinen Höhepunkt im 16. und 17. Jahrhundert, als die Europäer den floralen Stoffdrucken – sie sollten die Quintessenz britischen Wohnstils werden – endgültig verfielen. Nun, da sich Moore in Delhi niedergelassen hat, empfindet er den Kreis als vollendet. Die meisten seiner Produktionen sind für den westlichen Markt bestimmt, doch jetzt entdeckt er, dass auch der indische Markt für diese Waren expandiert.

Rechts Die Tischdecke ist neu – ein Handdruck in Ikat-Design. Der geschnitzte Miniaturpavillon ist ein antiker *mandir* oder Tempel, wie er in Privathäusern in den Gebetsräumen verwendet wird. Daneben steht eine Cava-Teekanne aus Kashmir von einem tibetanischen Markt in Janpath. Für den Lampenschirm wurde ebenso einer von Moores Indigostoffen verwendet wie für die beiden Aufbewahrungsboxen daneben. Der Grashocker oder *mudda* ist in Nordindien allgegenwärtig.

Unten Moore gab dieser Wand den Namen »Freundschaftswand«, weil alle Bilder von Freunden stammen – gemalt, geschenkt oder darauf abgebildet. Die Jalousien, die von der Decke hängen und mit denen sich der Raum trennen lässt, wurden für Moore hergestellt. Die Stoffe auf dem Sofa und den Sesseln sind handbedruckt und kommen aus Jaipur und Bagru in Rajasthan. Der Lampenschirm neben dem Textilladentisch ist eine von Moores Reproduktionen antiker Chinoiserie-Stoffe.

»Meine Wohnung ist eine Summe all dessen, was ich liebe«, erklärt er: »Meine Leidenschaft für alte handbedruckte Stoffe aus Europa und Indien und meine Vorliebe für antike Möbel. Das Ambiente entwickelt sich ununterbrochen weiter. Was ich so an Indien schätze, ist die Tatsache, dass man einkaufen gehen und anschließend einen Raum mit Textilien vollkommen verändern kann – jedes Zimmer trägt dann einen neuen Anzug. Ich denke überhaupt, das jeder Raum zumindest sechs Anzüge besitzen sollte!«

Sein Appartement liegt in der Nähe der Mauern um das große Grabmal des Mogulkaisers Humayun, wo regelmäßig Musikfestivals stattfinden. »Wenn ich kann, gehe ich hin, wenn nicht, kann ich die Musik auch von meiner Wohnung aus genießen.«

»Ich ließ alle Wände weiß – die Farbe kommt von meinen Stoffen und den Bildern. Weiß gibt dir die Freiheit, nach Lust und Laune umzudekorieren.« Überall hat Moore traditionelle *hundi*-Lampen aufgehängt. Der Stoff auf dem Tisch ist neu und trägt ein Ikat-Muster. Auf dem Textilladentisch steht ein Samowar, der ebenso aus Kashmir stammt wie die handbemalte Papiermachee-Schachtel mit dem Blumenmuster und die Schale vor dem Spiegel. Das große Bild im Stil indischer Miniaturen ist ein Werk des Künstlers Hari Sharma aus Jaipur. Und das Gemälde auf dem Sideboard schuf George Beven, ein renommierter Künstler aus Sri Lanka und ein Freund Moores.

Oben Das Schlafzimmer wird von Moores erster großen Liebe dominiert: Indigostoffe. Sie sind alle neu und wurden bei Anokhi in Jaipur hergestellt. An der Wand hängen Kopien von Studioaufnahmen von Maharadschas. Und den kleinen Servierwagen hat ein Straßenhandwerker für Moore angefertigt.

Rechts Im Gästeschlafzimmer wurde Moores »Châtelet«-Design für das Tagesbett und die Vorhänge verwendet. An der hinteren Wand sieht man einen antiken Toile-de-Jouy-Stoff, der den Namen »Die Favoritin des Kalifen« trägt und um 1840 in Mulhouse produziert wurde. Der Ikrat-Stoff auf dem Paravent – von einem Markt in Delhi – ist so wie auch die Tischdecke aus Moores Kollektion. Die Bettdecke im Vordergrund ist ein Soma-Druck, eine von Moores Reproduktionen indischer Stoffdrucke aus Jaipur. Er schuf ein Netzwerk aus Händlern und Lieferanten, und die Textilien auf dem Boden kommen von seinen verschiedenen Dhurrie-»Wallahs«.

Links Zeitgenössische indische Kunst zu sammeln, ist sowohl für Lakha Poddar als auch für ihren Sohn Anupam ein ernsthaftes Unterfangen. Es verbindet Elemente, die scheinbar nicht zusammenpassen. In erster Linie sind es provokative Stücke, die einen nicht mehr loslassen – oft subversiv, manchmal witzig. Pop art kann dabei auch zu einem Bestandteil werden. Hier hat Anupam handbemalte Gipspapageien von einem Markt in Agra mit einer sublimen Schale aus Japan zusammengestellt. Mit ihrem untrüglichen Sinn für Präsentation stellt Lakha Poddar fest, dass man »Couture von Issey Miyake durchaus mit H&M kombinieren kann. Die Frage ist, wie man das tut. Eines Tages kam ich an einem Straßenhändler vorbei, der künstliche Blumen verkaufte. Allein wie er sie ihren Farben entsprechend arrangiert hatte, war Kunst.«

Unten Für ihr Haus beauftragte die Familie den unbekannten jungen indischen Architekten Inni Chatterjee und gab ihm *carte blanche*. Chatterjee wiederum war begeistert, beweisen zu können, dass Beton, innovativ eingesetzt, ein großartiges Baumaterial sein kann. Das Dach reflektiert perfekt die Passion der Poddars: bekannte Materialien einsetzen und damit das Undenkbare erreichen. Chatterjee wollte Funktionelles in Skulpturales verwandeln. Die Bögen, verkleidet mit Kupfer, scheinen vom Körper abgehoben und evozieren Wellen, den Flügel eines großen Vogels oder einen Sari, der sich im Wind bauscht. Der Eindruck des Kupfers über dem Grau des Betons ist nichts weniger als aufregend. »Ich bin immer glücklich, wenn etwas gebaut wird. Es ist der Schaffensprozess, den ich liebe, und es sind die Details: das Fundament, der Wasserschutz, Materialien und was man daraus machen kann.«

Links Glasreifen wurden hier über Messbecher für Laboratorien gestreift – das Ergebnis ist ein Paar ungewöhnlicher Blumenvasen. Sie stehen in einem starken Kontrast zur rohen Zementwand dahinter.

Rechts Die Badezimmerschränke wurden – so wie die meisten der großen Möbelstücke im Haus – von Samiir Wheaton entworfen. Als Wheaton mit der Arbeit begann, war er gerade 23 Jahre alt, so gut wie unbekannt, doch immens kreativ. Also wurde er eingeladen, so viele Ideen wie möglich zu präsentieren. Die Resultate sind die Quintessenz aus Diskussion, Austausch und Konsens. Die rohen grauen Granitvasen auf der Stufe erinnern an den Rohstoff jenes Materials, das für das ganze Haus verwendet wurde.

Erwarte das Unerwartete

Rajokri, Delhi

Das Mutter-und-Sohn-Team Lakha und Anupam Poddar ist ein famoses Duo und unbestritten die treibende Kraft im wachsenden Kunst- und Designkosmos Indiens. Mit Hilfe des seit Generationen bestehenden Industrieunternehmens ihrer Familie konnten sie ihren Einfluss nutzen, mit Verve und Hingabe das »neue« Indien zu propagieren – auf eine Art, die an Charles Saatchi in Großbritannien denken lässt. Jeder für sich hat spezifische Aufgaben, die sie über zwei Foren verbreiten. Anupam Poddar leitet Devi Designs, wo kunsthandwerkliche Wohnaccessoires aus tradtionellen Materialien mit zeitgenössischen Designs hergestellt werden. Lakha Poddar dagegen nützt ihre Fähigkeiten als Gastgeberin, die sich am Devi Garh Hotel in Rajasthan, eines der führenden Privathotels der Welt und gepriesen für seine innovative Architektur, widerspiegeln.

Wohin immer Lakha Poddar reist, findet sie heraus, was gerade los ist und führt ihre Recherchen wie auch Anupam Poddar mit ganzer Energie durch. Ihr Team führt sie dann in dem Wissen, ihre Hausaufgaben erledigt zu haben. Drei Wörter definieren ihren Anspruch: Jugend, Risiko und einheimisches Talent. »Die Jugend sprudelt über vor Ideen und grenzenloser Kreativität, und sie ist nicht von Erfahrung und Alter beeinträchtigt«, erklärt Lakha Poddar. »Wir nehmen Projekte oft blinglings in Angriff. Man erklärt uns, eine Idee sei zu kompliziert oder schlicht nicht möglich.

Dass die Poddars sehr aktive Kunstsammler sind, ist im ganzen Haus unübersehbar, und die unverkleideten Beton- und Ziegelwände bieten einen flexiblen Hintergrund für die Gemälde und Skulpturen. Lakha Poddar ist sich der Gefahr bewusst, dass »Sammeln in zu viele Richtungen führen kann, also«, sagt sie, »haben wir uns selbst insofern eingeschränkt, als wir vorwiegend Kunst sammeln, die von Indern geschaffen wurde. Etwas anderes ginge auf Kosten der Konzentration.« Der niedrige Tisch stammt vom Samiir Wheaton. Darauf steht eine Serie von »Kamandal«-Messingvasen aus Anupam Poddars Unternehmen Devi Designs. Das Gemälde ist ein Stück Straßenkunst: das Porträt Mahatma Gandhis auf einem Sicherheitsrolladen von jener Art, wie man ihn an den Portalen von Läden in der Stadt und in Dörfern findet, wo er mit lautem Krach morgens geöffnet und abends geschlossen wird.

Gegenüber Die Eingangshalle in Anupam Poddars Bereich eines Hauses, bei dem die Tradition eines großen indischen Familienhauses berücksichtigt wurde. Das Bild zeigt die Vielfalt der für die Konstruktion verwendeten Materialien: Beton, Holz, Stein – und die bewusste Wahl und gleichzeitige Ermutigung zeitgenössischer Kunst Indiens. Der Teppich und das Gemälde an der vorderen Wand sind Werke des Künstlers S. H. Raza. Entlang der linken Wand erstreckt sich eine Collage aus Bildern von Bharti Kher.

Für uns bedeutet das eine Herausforderung. Es passiert oft genug, dass wir an einem Projekt arbeiten, wo wir alles zum ersten Mal tun. Aber immer arbeiten wir mit Indern – vom Architekten bis zum Handwerker. Hier gibt es ein gigantisches ungenutztes Reservoire an Talent, das man unbedingt unterstützen und präsentieren muss. Was wir hier zu schaffen versuchen, ist ein Sprungbrett für talentierte Menschen, die von hier stammen, eine zukunftsträchtige Atmosphäre. Was wir nie vergessen, ist, dass das Indien ist, dass die Arbeit hierher gehört und von Indern gemacht werden sollte. Wir glauben daran, dass Indien das angeborene Talent hat, und worum es geht, ist dieses zu ermutigen. Warum sollen wir der Welt hinterherhinken? Das ist unsere größte Herausforderung – zu jeder Zeit.«

Gegenüber Alle Bereiche des Hauses zeichnen sich durch Flexibilität aus, und zwar trotz des schweren Baumaterials, das die Atmosphäre durchaus beeinträchtigen könnte. Aufgelockert wird es beispielsweise mit den leuchtenden Stoffstreifen und den Blumen auf dem langen Sideboard (ein Entwurf Samiir Wheatons) vor dem Fenster. Hinter der breiten, genieteten Überkragung, die an den Flügel eines Flugzeugs erinnert, verbergen sich Lichtquellen. Die opulent dekorierte Kommode ist eine Antiquität aus Tibet; darauf die beiden Vasen aus Glasreifen und Messglas *(Seite 151)*.

Rechts Den Tisch in der Küche mit dem lackierten burmesischen Geschirr nutzt die ganze Familie für das gemeinsame Frühstück. Die Installation vor den Milchglasfenstern ist ein Werk von Bharti Kher: Es entstand, erklärt Anupam Poddar, nach einem Kunst-Workshop in einer Papierfabrik, in der die Arbeiter im Sommer ihre Hemden auf Bäumen im Hof aufhängten. Tatsächlich jedoch zeigt sich hier das Wesen moderner Kunst: Die Interpretation bleibt frei, denn für einen anderen Betrachter könnte die Installation auch jene Geschichte um Krishna als Kind ins Gedächtnis rufen, als dieser den badenden Milchmädchen die Kleider stahl und in einem Baum versteckte.

Gegenüber Dafür, scheinbar Unvereinbares zusammenzustellen, haben die Poddars ein untrügliches Gefühl. In ihren Kompositionen betonen Konzepte, Materialien und Objekte einander sogar noch. Am besten ist das wahrscheinlich in den an drei Seiten verbauten Höfen zu erkennen, die aufgrund des eingeschränkten natürlichen Lichts auch dunkel und unfreundlich wirkten könnten. Für die monumentalen Glas-Wasser-Skulpturen engagierten die Poddars den amerikanischen Künstler Danny Lane – das Ergebnis ist ein Meisterwerk. Tagsüber belebte es den Innenhof mit seinem Spiel aus Wasserkaskaden und grünem Licht auf den gigantischen Glasplatten. Nachts verschmelzen die Mauern mit der Dunkelheit und alle Aufmerksamkeit ist auf die Farben und Geräusche der Skulptur gerichtet. Die Teller im Vordergrund stammen aus Vietnam.

Oben In der großen Eingangshalle hängt ein Gemälde von Ramachandran. Samiir Wheaton entwarf die Möbel, die lackierten Stücke auf dem Tisch und den Sofas stammen aus Burma.

Rechts Das Werk im kleinen Salon stammt von Atul Dodiya (es ist vom Logo der Londoner U-Bahn inspiriert). Der Zementtisch ist ein Entwurf Anupam Poddars, die silbernen Lotuskerzenhalter sind von Devi Designs.

Eine große blühende Thunbergie wächst an den Mauern des Eingangsbereichs. »Wenn ich von Reisen zurückkomme, freue ich mich besonders auf meinen Garten«, erzählt Kinny Sandhu, »weil er sich immer verändert hat.«

Den Frühstückstisch vor dem Eingang deckt Kinny immer während der Wintermonate, weil man dann in der wärmenden Morgensonne sitzen kann. »Ich wuchs auf dem Land auf, bin in den Hügeln zur Schule gegangen und habe auf einer Farm gelebt. Ich habe das immer sehr gemocht, die Farben, die frische Luft, die Spaziergänge – einfach das angenehmere Dasein, das ein Leben auf dem Land bietet.« Die Tischdecke mit den Applikationen und den bestickten Teewärmer hat Kinny entworfen und in ihrem Atelier hier auf der Farm angefertigt.

Land der Vielfalt und der Tiger

Rudrapur, Uttarakhand

Gegenüber Der große überdachte Eingangsbereich führt in Richtung der mit Rosenbüschen gesäumten Auffahrt. Die Sessel aus der Kolonialzeit standen bereits in Kinnys Elternhaus. Die bestickten Deckchen auf den kleinen Tischen stammen aus ihren Werkstätten, der Wollteppich mit der Kettenstich-Stickerei aus Kashmir und die Kissen auf dem Sessel sind mit bedruckten Stoffen von Christopher Moore *(Seite 146)* bezogen. Der kleine Messingpapagei, der von der Decke hängt, ist eigentlich eine Öllampe. Auf der rechten Wand ist ein Metallrahmen zu sehen: Es handelt sich dabei um einen Kerzenhalter, den ein Schmied in der Region Bastar in Madhya Pradesh angefertigt hat. Solche Stücke – meist sind sie beim Eingang angebracht – werden nur bei Hochzeiten, Geburtstagen und ähnlichem in Gebrauch genommen.

Das Farmhaus der Sandhu – einst nichts als ein Traktorschuppen – liegt in einer Gegend, die *Tarai* (Sumpf) genannt wird, sich am Fuß der Himalayaausläufer befindet und bis in die 1950er Jahre eine von Tigern bewohnte Wildnis war. Gogi Sandhu stammt aus einer Sikh-Familie, Kinny Sandhu dagegen wuchs, wie sie erzählt, »in einem wundervollen Haus im östlichen Uttar Pradesh auf. Meine Mutter stammt aus Australien und schuf einen einzigartigen Wohnstil, der ein Verschnitt aus indischen und westlichen Elementen war.«

Kinny Sandhu befasste sich beruflich schon immer mit Stoffen. In Rudrapur, wo die Weber unter einfachen Bedingungen leben und meist in dem Raum schlafen, in dem ihre Webstühle stehen, hat sie ein Netzwerk aus sechstausend Textilarbeiterinnen geschaffen und ihnen die Möglichkeit geboten, ihr eigenes Geld zu verdienen. Hier im Farmhaus hat sie sich im Erdgeschoß ein Atelier eingerichtet, von wo aus sie ihr Textil- und Bekleidungsunternehmen führt.

Die Familie Sandhu hat lange Zeit außerhalb Indiens gelebt, unter anderem auf einer Farm in der Nähe von Chicago. Doch für Kinny ist es dieses Farmhaus in Indien, das unverminderte Anziehungskraft ausübt: »Der schlichte Kolonialstil war mir immer

Gegenüber Im Lagerraum sammeln sich immer mehr Gras-, Weiden- und Bambuskörbe an, die Kinny in den Dörfern der Ebene, der Hügel und in Nepal sammelt. Was sie an Räumen sympathisch findet, ist oft nicht der Gesamteindruck, sondern die Details: »Ein Obsthändler in einem Dorf, der seine Mangos schön arrangiert hat oder frische Erdbeeren in einem Korb anbietet, zieht mich magisch an. Solche Arrangements inspirieren mich in gleichem Maß wie das Interieur eines Palasts.«

Oben Die Vitrine mit den Glastüren aus der Kolonialzeit im Speisezimmer stammt von einem Secondhand-Markt in Delhi. Die Platzdeckchen und die Servietten haben Stickerinnen aus Bengalen nach Entwürfen von Kinny Sandhu angefertigt. Die zeitgenössischen Tierskulpturen in der Mitte des Tisches kommen aus der Region Bastar in Madhya Pradesh und die chinesischen Suppenschalen vom Victoria Market in Melbourne in Australien. Kinny gesteht ihre Schwäche fürs Einkaufen: »Ich bin ständig am Suchen, streife durch Secondhand- und Handwerks-Märkte, durch Dörfer, Antiquitätenläden, Boutiquen, Stoffläden und Einkaufsmärkte.«

Links Blumen, traditionell schwimmend in wassergefüllten Tellern. Die Schale im Hintergrund ist ein Messing-*thali*, der normalerweise für Reis und Korn verwendet wird. Im Vordergrund steht ein blau-weißer chinesischer Teller: Für diese Art von Porzellan hat Kinny Sadhu eine besondere Vorliebe. Sie sammelt es auf ihren Reisen nach Nepal und Thailand, aber auch in Secondhand-Läden in Delhi, Lucknow und Mumbai.

am liebsten, und so haben wir das ganze Haus eingerichtet und auch alle Erweiterungen, die im Laufe der Jahre dazukamen, angelegt – große, hohe und luftige Räume. Das Wichtigste für mich sind meine Familie und meine Freunde, und deshalb muss ich ein Haus besitzen, wo sich jeder sofort willkommen und behaglich fühlt. Und natürlich reflektiert das Haus auch jene Dinge, die mich interessieren: Textilien, malen, Kunsthandwerk und kochen.« Eine moderne Klimaanlage wollte das Ehepaar nicht, lieber war ihnen, den Rhythmus der Jahreszeiten zu fühlen. Die Veranda und der überdachte Eingang sind ihre Lieblingsplätze, »weil sie uns das Gefühl geben, fast das ganze Jahr im Freien zu leben.«

Im Schlafzimmer dominieren Textilien mit floralen Mustern. Die Bettdecke mit den Mogulmotiven kommt aus Jaipur, die Teppiche, angefertigt von Flüchtlingen aus Tibet, wurden in Nepal gekauft. Das Porträt an der Wand zeigt Kinny Sandhu und wurde von einem ihrer Lehrer gemalt, als sie die Textilschule in Delhi besuchte. Über dem Bett hängt ein Spiegel in venezianischem Stil, der jedoch in Delhi gekauft wurde. Die Vögel auf dem Bücherschrank stammen aus jenem Dorf im östlichen Uttar Pradesh, in dem Kinny aufwuchs; mit ihren hohlen Körpern wurden sie angefertigt, um in ihnen *masala* (indische Gewürzmischungen) aufzubewahren.

Oben Die Deckenbeleuchtung in einem anderen Schlafzimmer wurde von Kinny Sandhu entworfen und in ihren Werkstätten hergestellt. Die Bettwäsche, gekauft in Südindien, wurde dort in einem Konvent bestickt. Sowohl die Vorhänge als auch die Überdecke tragen traditionelle Ikat-Muster. Und die beiden dichten, duftenden Narzissensträuße in den blau-weißen Vasen kommen direkt aus Kinnys Garten.

Rechts Streifen fand Kinny Sandhu immer schon besonders dekorativ. Hier wurden sie benutzt, um ein Gästebadezimmer optisch zu vergrößern. Die Muscheln sind Früchte ausgiebigen Sammelns von Strandgut in Australien und Neuseeland, wo Kinny ihre Familie mütterlicherseits besuchte.

Links Doppeltüren, die seidenmatt schwarz gestrichen wurden, öffnen sich zum Büro im Empfangsbereich des Hauses. Von der Decke hängt *Bulbul*, eine von Schniders Lichtkreationen. Der Schreibtisch und das an der Wand stehende Metallregal sind Entwürfe des Paares. Ihr Dekorationsstil ist stringent, ihre Möbel eine Kombination aus pragmatisch und organisch – wobei organisch durchaus wörtlich zu verstehen ist: Weder hat eine Technik entwickelt und immer mehr verfeinert, die es ihr erlaubt, große tropische Blätter zu konservieren.

Unten Die Veranda beim Eingang. Die symmetrische Konstruktion wird durch den Einsatz von Farben und Objekten betont: Der in Ochsenblutrot gefärbte Zementboden erhält durch die Dachziegel ein Gegenüber; das Schwarz der Fensterrahmen, Türen und hölzernen Dachkonstruktion kontrastiert mit dem Weiß der Wände; die Wandlampen – Elefantenohrblätter – sind ebenso symmetrisch positioniert wie die beiden Stehlampen (im Designkatalog von Soto Décor unter dem Namen *Eleven Eleven* geführt), die aus riesigen getrockneten Bananenblättern hergestellt wurden. Das Gefühl großer Harmonie und Balance wird durch das perfekte Finish aller Oberflächen und architektonischen Details noch verstärkt – zweifellos eine Meisterleistung in diesem extremen Klima, das sich durch hohe Luftfeuchtigkeit und salzige Meeresluft auszeichnet.

Links Ein Beistelltisch, angefertigt aus einem Elefantenohrblatt. Das Möbelstück stammt aus einer Designserie, die Weder und Schnider entwerfen und herstellen: Er arbeitet an der Konstruktion, sie an der Dekoration und am Finish. Weder verwendet die getrockneten Blätter für Tischplatten und Schrankfronten, aber auch für ihre Collagen. Auch der Liegestuhl mit dem Metallgestell stammt von Weder und Schnider.

Rechts Ein Detail des Badezimmerfensters. Sicherheitsgitter und hölzerne Fensterläden sind alles, was man in diesem Klima braucht, dennoch wurde hier dezentes Milchglas in die Fensterläden geschnitten. Die Muscheln signalisieren nicht nur die Liebe des Paares zur Natur, sondern erinnern auch an ihre ersten Jahre in Goa, als sie am Strand lebten und dort ein erfolgreiches Restaurant führten.

Design, organisch + präzise

Porvorim, Goa

Sonja Weder und Thomas Schnider aus der Schweiz trafen einander in den 1980ern an einem mexikanischen Strand. Noch im selben Jahrzehnt fuhren sie nach Goa. »Wir hatten nicht vor, hier zu bleiben«, sagt Weder. Heute sind sie mit Soto Décor eine etablierte Adresse für Möbel- und Lichtdesigns, und Weder ist zudem eine sehr aktive Künstlerin.

Das alte portugiesische Cottage, idyllisch im Dschungel auf einem dicht bewachsenen Hügel, der am Ende des Gartens in Reisfelder übergeht, gelegen, war Mitte der 1990er Jahre einer ihrer ersten Aufträge. Dass sie in dem Haus, das sie damals ausstatteten, einst leben würden, kam ihnen dabei nicht in den Sinn. Doch heute ist das schlichte, ebenerdig angelegte Haus ohne architektonische Besonderheiten, aber mit hohen, luftigen Räumen, ihr kreatives Refugium.

»Wir ziehen schlichte Architektur vor, weil wir beide nichts wollen, was unveränderbar ist. Es muss immer die Möglichkeit geben, umzugestalten und mit Neuem zu experimentieren. Ein einfacher Raum gleicht einer leeren Leinwand, auf die man immer wieder etwas anderes malen, etwas schaffen kann, ohne abgelenkt zu sein«, konstatiert Schnider. Und Weder fügt hinzu: »Ich denke, leere Räume haben etwas Befreiendes. Manchen erscheint unsere Arbeit zu kalt, zu ›clean‹, sowohl konzeptuell als auch strukturell. Doch für uns ist weniger mehr.«

Folgende Doppelseite
Mit dieser Lichtinstallation in einer Ecke des Wohnraums *(links, Detail rechts)* entsteht ein durch die weißen Wände und die Raumhöhe zusätzlich akzentuiertes dramatisches Spiel aus Licht und Schatten; die Struktur der beleuchteten Elefantenohrblätter ist gleichzeitig ein starkes grafisches Signal. Der Eindruck des hohen Raums wird auch durch Weders hochformatiges Tryptichon *(ganz links)* unterstrichen. Die Lichtstreifen auf dem Boden und an den Wänden kommen von kleinen, rechteckigen Fenstern, die in das Ziegeldach eingelassen wurden und die als eine Art improvisierte Sonnenuhr dienen.

Detail der Lampen über dem Esstisch. Schnider, Spezialist für Lichtdesign im Zusammenspiel mit seinen Möbelkonstruktionen, verwendete hier Glasreifen – ein anderes erstaunliches Beispiel für diese Idee, die die Poddars für Vasen einsetzten *(Seite 151)*. »Ich liebe es sehr, scheinbar klar definierte Objekte alternativ zu verwenden.« Mit seinen Lichtdesigns, erklärt er, erkundet er das Spiel aus Licht und Schatten und die Brillanz, die nur durch die Verwendung von farbigem Glas, das von innen oder hinten beleuchtet ist, entsteht.

Gegenüber Der Essbereich befindet sich im hinteren Teil des Hauses auf einer tiefen Veranda, von der aus man einen weiten Blick über den Hügel und die Reisfelder genießt. Auch hier entschieden sich Weder und Schnider für weiße Wände und verwendeten Farbe nur für die Nische im Hintergrund, um einen Akzent zu setzen. Davor wurden Kissen mit leuchtenden Bezügen auf einer zementierten Bank arrangiert. Sowohl der Esstisch als auch die Stühle stammen aus der Werkstätte von Soto Décor. »Wir arbeiten sehr umweltbewusst und verwenden wo immer möglich haltbares Material. Unsere Möbel sind aus Schmiedeeisen und Nuwud [eine Faserplatte], das aus gepressten Abfällen der Baumwollpflanze und ihrer Schalen hergestellt wird, gemacht.« Damit haben sie den neutralen Hintergrund für ihre Entwürfe: »Wir wollen, dass unsere Möbel ihre eigene Sprache sprechen. Dafür ist ein schlichtes Ambiente notwendig, dann erst kann man mit Formen und Farben spielen. Antiquitäten sind nichts für uns: Sie entwickeln oft einen fast herrischen Charakter und überlagern alles mit ihrer Geschichte. Keine Antiquitäten, niemandes ›Gepäck‹ – frei von Vergangenheit, frei von jedermanns Seele.«

Oben Stehlampe, Doppelbett und die niedrigen Schränke sind Entwürfe des Paares und wurden in ihrer Werkstätte hergestellt. Die Bilder auf dem Schrank sind frühe Werke Weders und stammen aus jener Zeit, als die beiden ihr Strandrestaurant führten; die Collage über dem Bett ist eine rezente Arbeit. Verbunden werden diese beiden Schaffensperioden durch ihre Liebe zur Natur: »Insekten und Botanik haben mich immer schon fasziniert. Pflanzensamen, -hülsen und -blätter – der ganze Mikrokosmos der Natur. Deshalb appliziere ich die Natur – eine unendliche Quelle der Kreativität – auf meine Bilder und unsere Möbelentwürfe. Noch aufregender werden die Motive, wenn Pflanzen getrocknet werden: dann treten die grafischen Strukturen in den Vordergrund, werden einst lebendige Adern zu starren Linien und natürliche Unregelmäßigkeiten betont.« Die Sicherheitsgitter, Entwürfe von Weder und Schnider, werfen wellengleiche Schatten auf die Schranktüren.

Gegenüber Für ihr Badezimmer entwarfen Schnider und Weder den großen metallgerahmten Spiegel mit den Becherhalterungen und dem Handtuchhalter, der sich entlang der Oberkante der Fliesen erstreckt. Die Haken sind in der Form von Schlangen gestaltet. Die Lichterkette, wie zufällig über dem Spiegel drapiert, lässt an die Leuchtkäfer denken, die man abends im Dschungel um das Haus beobachten kann.

Links Eine Ecke zwischen Rajputruinen aus dem 17. Jahrhundert in Brigitte Singhs Garten. Ausgebreitet sind zwei handbedruckte Stoffe: An der Wand eines ihrer besonders ambitionierten Stücke, das von einem Muster, das sie in Ahmedabad fand, inspiriert ist.

Rechts Nischen sind in alten Palästen, Forts und Wohnhäusern ganz Westindiens allgegenwärtig *(Seite 50/51)*. Brigitte Singh hat diese architektonische Tradition in ihrem neu errichteten Haus aufgenommen. Kleine Objekte, mit Bedacht in den Nischen arrangiert, verleihen Räumen eine spezielle Intimität. Hier sind es Miniaturöllampen, ein Holzvogel von einem Markt, ein Paar kleiner Messinglampen in der Form von Menschen, die in ihren ausgestreckten Händen Lampen tragen, eine alte Schwarzweißfotografie eines Prinzen von Rajasthan und Muscheln.

Gallische Muße in einem *haveli*

Amber, Rajasthan

Herat, die großen iranischen Moscheen und afghanische Basare waren die Hauptdarsteller in den Träumen eines französischen Teenagers voller Abenteuerlust – so erinnert sich Brigitte Singh an ihre Jugend. Nach Indien kam sie im Jahr 1980, um in Jaipur Miniaturmalerei zu studieren. Hier entdeckte sie den Stoffdruck, begann sofort damit zu experimentieren, ließ Textilien mit ihren Entwürfen bedrucken und stellte ein Musterbuch zusammen. Heute sind Singhs Textilien, unerreicht in ihren exquisiten Details, in Indien und im Westen gleichermaßen hoch geschätzt.

Florale Motive dominieren Singhs Arbeiten: »Sehr viele islamische Stoffentwürfe tragen florale Muster, außerdem liebe ich Blumen. Mit wenigen Blüten kann man einem ganzen Raum Schönheit verleihen. Ich brauche einen Garten – ohne ihn könnte ich nicht leben.« Auf dem Stück Land, wo sie ihr Haus baute, gibt es eine Reihe unglaublich romantischer Ruinen, um die sie einen Garten nach Mogultradition angelegt hat, der ihre Arbeit inspiriert: »Willst du einen Tag lang glücklich sein, trinke; willst du ein Jahr lang glücklich sein, heirate; willst du dein ganzes Leben lang glücklich sein, arbeite in deinem Garten.«

Singh schuf ihr neues *haveli* in den frühen 1990er Jahren nach historischen Beispielen, die sie im von ihr angebeteten Rajasthan vielfach fand. Es ist zweigeschoßig mit rund um Höfe angelegten

Gegenüber Der Blick von der Veranda in den Garten ist – bedenkt man die Trockenheit der Umgebung – unerwartet grün. Die Sessel, *mudda* genannt, werden überall in Nordindien hergestellt, vor allem jedoch in Moradabad. Am Pfeiler hängt ein Kerzenhalter, den Stämme in der Region Bastar in Madhya Pradesh herstellen. Der Tisch setzt sich aus einem Schmiedeeisengestell – produziert von einem lokalen Schmied – und einer Tischplatte aus Jaisalmer-Stein zusammen, der Bodenbelag ist aus Kotah-Stein gemacht. Die traditionellen *chics* schützen nachmittags vor der schlimmsten Hitze und vor besonders neugierigen Affen. Im Vordergrund ist auf einer Holzsäule eine bronzene *arti*, eine mit *ghee* gefüllte Lampe, aus Kerala in Südindien zu sehen.

Gegenüber Am späten Nachmittag fällt die Sonne in Brigitte Singhs Schlafzimmer mit seinem großen Schrank und dem Kolonialzeit-Ebenholzsofa aus Sri Lanka. Die großen bestickten Kissen und der wunderschöne Dhurrie-Teppich kommen aus Afghanistan. Der niedrige Tisch war ursprünglich ein *chokhi* genannter Hocker. Auf dem Beistelltisch unter dem Fenster liegt ein Stoffstapel, der nach traditioneller Weise in ein Stück Stoff eingeschlagen ist, um ihn vor dem alles durchdringenden Staub Rajasthans zu schützen.

Rechts Auf dem Küchentisch liegt eine Toile-de-Jouy-Tischdecke, Reproduktion eines Originalstoffs aus den 1780er Jahren. Alle Stoffentwürfe Brigitte Singhs sind das Resultat sorgfältiger Recherche. Abgesehen von ihrem Garten sind die Anregungen vielfältig: Regelmäßig besucht sie indische und internationale Museen; antike Stoffe, manche aus Privatsammlungen, manche aus Antiquitätenläden, bieten wertvolle Informationen zu Farbe und Farbstoffen; indische Miniaturen sind eine Fundgrube für Textilien, die für die Gewänder nobler Frauen und Männer, für Wandbehänge und Baldachine verwendet wurden.

Folgende Doppelseite
Links Der große Wohnraum, gesehen vom Wohn- in Richtung Essbereich. Der weite, offene Raum wurde möglich, weil man verstärkte Stahlträger verwendete, womit unabhängig von Konstruktionszwängen, die bei einem Haus aus Stein und Holz üblicherweise obligatorisch sind, gebaut werden konnte. Der geflieste Boden basiert auf einem traditionellen Mogulentwurf, und der niedrige Tisch stammt aus Kerala.

Mitte Das indische zweisitzige Sofa aus den 1950er Jahren fand Singh während einer Shoppingtour mit ihrem engen Freund Jivi Sethi in Delhi. Die Stoffe stammen aus ihrer botanischen Kollektion. An den Fenstern dieses Raums hängen *chics*, die sie mit einem ihrer Stoffe bezogen hat *(Seite 178)*. Dieser Entwurf erinnert sie immer an jenen Teich, an dem Krishna die Milchmädchen verführte. Der innere Bereich des Textildesigns entstand nach einem antiken Stoff aus der Sammlung von K. Sangram Singh aus Nawalgarh (dessen indische Miniaturen ebenfalls eine reiche Inspirationsquelle für sie waren), der Randbereich mit den Lotusblüten nach einem alten bedruckten Mogulstoff des in Hyderabad lebenden Jagdish Mittal. In der Nische ruht ein Papiermachévogel.

Rechts Am anderen Ende des Wohnraums führt eine Treppe zu einer Terrasse, von wo aus man Drachen steigen lassen kann. Hinter dem Esstisch wurde der eingebaute Wandschrank mit Holztüren verschlossen, aus denen Bilder der Göttin Lakshmi geschnitzt wurden. Ursprünglich dienten sie wahrscheinlich als Türen eines *puja* oder Gebetszimmers in einem Privathaus. Im Vordergrund sieht man ein Paar Sessel aus der späten Rajepoche, die Singh auf einem Gehsteig in Jaipur fand.

Zimmern. Im gesamten Erdgeschoß hat sie ihre Werkstätten eingerichtet, der erste Stock jedoch ist ihr privater Lebensraum. Lachend erzählt sie, dass sich das Haus »eher selbst gestaltet hat, als dass ich viel eingegriffen hätte. Ich arbeite besonders gerne mit den altmodischen Bauarbeitern, die ganz einfache Werkzeuge verwenden und in der Lage sind, damit absolute Perfektion zu erreichen.« Sie sagt auch, dass sie selbst Perfektionistin sei und Perfektion für unerlässlich hält: »Ich bin kurzsichtig, also sehe ich alles nahe Liegende besonders gut. Ich habe ein exzellentes Gefühl für Raum, Balance und Farbe. Das ist genetisch.« Denn auch Singhs Urgroßvater war Miniaturmaler und Textilkünstler. »Ich bin unheilbar romantisch, darüber besteht kein Zweifel, und große Geschichten beginnen immer mit Träumen.« Dasselbe lässt sich über ihre Arbeit sagen.

Gegenüber

Oben links Das schwarzweiße Zickzack-Muster der Bodenfliesen wird für den gesamten Wohnbereich verwendet.

Oben rechts Detail des Küchentisches mit der handbedrucken Toile-de-Jouy-Reproduktion *(Seite 175)*, einer Vase mit Blumen aus dem Garten und einer französischen Zinnteekanne, die Singh von ihrer Urgroßmutter geerbt hat.

Unten links Detail eines Vorhangs mit Irismuster aus einem der Schlafzimmer (rechts).

Unten rechts Detail aus dem zusammengesetzten Stoffdruck an den Jalousien *(Seite 176/177 und 102/103)*. Manche der besonders exquisiten Stoffe Brigitte Singhs bedürfen bis zu 24 verschiedener Modeln, was immens aufwendig ist, muss doch jede einzelne Farbe – mit exaktem Blick und ruhiger Hand – gesondert appliziert werden. Präzision und Geduld sind die unabdingbaren Voraussetzungen für den händischen Stoffdruck. Zuerst werden die Holzblöcke in Senföl eingelegt, damit die glatte Oberfläche die Farbe besser aufnimmt. Danach werden die komplizierten Muster geschnitzt. Bevor ein Stoff bedruckt werden kann, muss er vollkommen glatt gespannt und an den Druckbänken fixiert werden. Schließlich werden die Muster in einer bestimmten Reihenfolge aufgebracht. Brigitte Singh selbst überprüft ganz zum Schluss die Qualität der fertiggestellten Stoffe.

Rechts Ein Schlafzimmer mit Vorhängen aus Singhs *Iris*-Kollektion, zu der sie ein antikes Zelt angeregt hat. Der Beistelltisch stammt aus Südindien, die Bodenfliesen aus Rajasthan. Ein hinreißendes Detail ist der kleine Wiedehopf aus Papiermaché in der Nische über dem Fenster. Die Lampe im Hintergrund ist ein altes Stück mit einem Mechanismus zum auf- und abschieben. Die Lampe im Vordergrund ist die Reproduktion eines traditionellen Typs.

Links Das Haus ist in der Form eines flachen Halbkreises rund um den Swimmingpool angelegt, der ein wesentlicher Bestandteil der Gesamtkomposition des Gartens ist und den man von vielen Zimmern im Haus sehen kann. Ein Blickfang sind die italienischer Machart nachempfundenen Terracotta-Töpfe mit den spitzblättrigen Pflanzen.

Rechts Bereits in der Diele wird festgelegt, was den Besucher im Rest des Hauses erwartet: Man trifft auf ein explosives Arrangement gigantischer Grashalme, die jeden Bezug zu dem relativ kleinen Raum verloren zu haben scheinen. Diese Grasart ist typisch für die Gegend rund um Delhi und besonders malerisch, wenn morgens und abends die Sonne die weißen Samenbüschel streift. Übergroße Mohnblumen aus Papier »erden« den Strauß. Die Ming-Bronze auf dem Tisch stammt von einem Pariser Flohmarkt, die Keramikarbeiten von einem jungen indischen Künstler.

Dialog in Sultanpur

Delhi

Gegenüber Für Tahiliani ist es essentiell »eine Atmosphäre zu schaffen, in der man sich entspannen kann. In den Wohnräumen Delhis hat man oft entsetzliche akustische Verhältnisse, hartes Licht und riesige Räume, in denen man sich unterhalten soll.« Sein Wohnzimmer beschreibt er als »eine verrückte Collage aller Dinge, die ich liebe und jener, die ich von meinen Reisen mitbrachte.« Man fühlt sich wie in einem französischen Salon: intim, sinnlich und ein wenig dekadent. Der Blick fällt zuerst auf den üppigen drapierten Vorhang. Tahilianis erster Gedanke bei Mode gilt dem Drapieren, der zweite erst der Verschönerung. Das Bild an der Wand schuf Chander Bhattacharya. Darunter stehen ein Lackbehältnis, das ein in Chiang Mai, Thailand, lebender Deutscher anfertigte, und zwei glockenförmige Wasserpfeifenständer. Auf dem Kaffeetisch sind mehrere *bidri*-Stücke, ein Paar Streitkolben, die man Tahiliani geschenkt hat, sowie eine Tiffany-Vase zu sehen.

Tarun Tahiliani, Couturier der indischen Prominenz aus Film und Fernsehen, ist – auf die Mode übertragen – ein Meister der Fuge, der multivalenten Themen, die er in ein einziges kompliziertes Muster gießt. Und sein Hintergrund? Sein Vater war Stabschef der Marine in Delhi, hochrangiger Repräsentant einer der drei Streitkräfte des Staates und allem, was damit zusammenhängt – Anstand, Disziplin, Loyalität und Respekt. »Dieses Leben zeichnete sich durch Uniformität aus – identische Häuser, identische Interieurs. Unterschieden wurde man danach, wer man war und nicht danach, was man hatte«, erklärt Tahiliani und fügt hinzu: »Erst heute erkenne ich die Vorzüge dieses Systems.« Es schuf eine felsenfeste Basis.

Architektur war seine erste Liebe, doch er studierte Chemie und Physik und ging dann an eines der erstklassigen amerikanischen Wirtschaftskollegs, an die Wharton School der Universität von Pennsylvania. Drei Jahre lang lebte er danach in New York, wo er seine Ausbildung vervollständigte und bereits ein kleines Studio führte. Wenn er heute frei hat, findet man ihn zumeist vor einer leeren Leinwand – malend.

Tahilianis Haus ist auch eine Reverenz an seine Kindheit. Er wuchs in einem Lutyen-Haus in Delhi auf, in dem die Räume durch eine große Diele verbunden waren und sich über Veranden in einen Garten

öffneten. Die hoch stehende Sommersonne konnte so nicht in die Räume, wohl aber die tief stehende Wintersonne. Der Wunsch an den Architekten war, etwas Ähnliches zu schaffen, aber mit nahtlosen Übergängen, ohne Zwischendecken und Simsen oder tiefen Veranden. Im Jahr 2000 konnte die Familie ihr neues Haus beziehen.

Tahiliani sagt, dass er im Grunde seines Wesens Inder ist, sich jedoch mit der westlichen Kultur ebenso leicht tut wie mit seiner eigenen: Wenn man mit Enid Blyton und Shakespeare aufgewachsen ist, denkt und träumt man gleichwertig in beiden Kulturen. Tahiliani fühlt sich glücklich damit, aus beiden Reservoires schöpfen zu können. »Ich möchte mein Leben genießen und brauche keinen Fünfhundertmillionen-Dollar-Lebensstil.« Seine Arbeit bezeichnet er als »eintausend-und-eine Möglichkeiten der Verschönerung, um das Stück dann einfach über die Schultern zu legen.«

»Alle Räume in meinem Haus«, erzählt Tahiliani, »und vor allem das Speisezimmer entwickelten sich mit meinen Reisen.« Das Speisezimmer wird von einem Lüster aus Kristall und Schmiedeeisen der Versailles Lighting Company aus New York dominiert. Den Tisch stellte Tahilianis »wundervoller« muslimischer Tischler als Kopie italienischen Designs her. Die Stühle kommen aus dem Iran, der Wandschmuck aus Horn und Straußeneiern aus Durban in Südafrika. Der antike Spiegel stammt aus dem Palast in Jaisalmer in Rajasthan und die kunstvoll geschnitzte Säule, auf der eine große Vase steht, aus Gujarat. Die Farbpalette ist eine, die für ihn gut funktioniert: von braun über beige zu sandfarben.

Rechts Tahiliani empfindet tiefe Verbundenheit mit dem architektonischen Erbe Indiens und ist entsetzt darüber, wie viel davon besonders in Städten wie Delhi und Lucknow verloren ging. Seine eigenen Interieurs formen einen permanenten Dialog zwischen Stilen, Epochen und Kulturen. Der zufällig wirkende Sitzbereich in der breiten Diele ist ein Beispiel für diesen Austausch. Das große Gemälde an der Wand ist ein alter, Krishna zeigender *pichhavai* (Wandbehang) aus Nathadwara in Rajasthan, wo es eine sehr alte Tradition für diese Art von Bildern gibt. Im Kontrast zu diesem heiligen Porträt steht die zeitgenössische Skulptur des Künstlers Rathore auf dem niedrigen Tisch.

Links Vorne und rechts an der Wand hängen Bilder, die Tahiliani gemalt hat, »um Spaß zu haben und mich zu entspannen«. Das Sofa ist ein alter Mönchssitz aus Thailand, der aus einem einzigen Baumstamm geschnitzt wurde. Die Elefantenkissen hat Tahiliani aus Südafrika mitgebracht. Für den Bodenbelag wurde Shahbad-Kalkstein verwendet – handverlesen, um diese besondere Khakifarbe zu erhalten. Die Engländer, erklärt er, haben diesen Stein immer für die Böden ihrer *godowns* (Kaufhäuser) verwendet, weil er so praktisch ist. Der Spiegel, dessen Rahmen und Halterung aus Holz mit Beinintarsien besteht, ist neu, wurde aber einem alten Stück nachempfunden.

Gegenüber Tahilianis Vorliebe für Details und Dekoration zeigt sich an den Objekten auf dem Tisch zwischen den beiden Sofas und den verführerischen Stoffen: imitierte Großkatzen-felldrucke auf Samt und Seide. Das große Gemälde schuf er selbst; darunter hängt ein Porträt seiner Frau Sal Tahiliani, das der renommierte Fotograf Prabudho Dasgupta schuf. Die von der Decke hängende Lampe kaufte er auf einem New Yorker Flohmarkt, den dunklen gotischen Kerzenständer bei einem Antiquitätenhändler in Bangalore in Südindien. Und die große Buddhafigur, die man in der Diele sieht, stammt aus Thailand.

Oben Aus dem Schlafzimmer blickt man auf den Swimmingpool und den Garten dahinter. Dieser Raum wirkt mit seinem starken trans-kontinentalen Einfluss eher zurückhaltend. Bett, Stehlampen und Sessel stammen aus New York.

Unten und rechts Der große Salon des Hauses. Ein traditionelles Gemälde Krishnas aus Nathadwara in Rajasthan hängt ungerahmt an der Wand. Farbe und Material des Bodens ist im ganzen Haus gleich, was dem Interieur einen einheitlichen und heiteren Charakter verleiht. »Solche Details werden oft gar nicht bewusst wahrgenommen, man fühlt es eher, als dass man es sofort sieht.« Maria Van Damme liebt und zelebriert die reichen dekorativen Künste ihrer neuen Heimat und mischt geschickt Kultiviertes mit Naivem, wie man an dem Tisch in der Ecke *(rechts)* sehen kann.

Links Weiche sinnliche Formen, die das Auge stimulieren. Von dem Tagesbett am äußeren Rand der Veranda hat man ein 180-Grad-Panorama über den Garten und das Land dahinter. Selbst wenn ein heftiger Monsunwolkenbruch niedergeht oder die Wintersonne tief steht und abends langsam verschwindet, ist dieser Platz das pure Vergnügen. Die Teakholzsäule ist eine von Dutzenden, die für dieses Haus von Holzschnitzern in Rajasthan hergestellt wurden. Hinter der Säule bringen verschiedene Gräser den Garten nahe ans Haus: Van Damme legte ihn sehr früh an, um dem Haus eine belebte Atmosphäre zu geben.

Rechts Die lange, tiefe Veranda bietet mit ihrer erhöhten Lage einen herrlichen Blick übers Land. Die Dachziegel sind handgeformt und wurden in Holzöfen in Karnataka gebrannt. Mit den Kolonialmöbeln hat Van Damme ihrem Besitz einen definitiv europäischen Stempel aufgedrückt.

Belgien trifft Portugal

Bardez, Goa

»Wenn ich mit einem Projekt beginne, bin ich mir in allem vollkommen sicher. Ich nehme Dinge in Angriff, um sie zum Laufen zu bringen.« Maria Van Damme, geboren in Indien, als es noch Kolonie war, zog weg, als ihre Eltern nach Belgien zurückgingen. Dort besaß sie eine Boutique, die sie als »kleines Herz Indiens« beschreibt. Und dann, als sie etwa Mitte fünfzig war, reiste sie nach Goa. Bald nach ihrer Ankunft besuchte sie eine Jesuitenbibliothek in Porvorim. Hier stieß sie auf den Text des Belgiers Kardinal Suenens, der ihr Leben veränderte: »Glücklich sind jene, die ihre Träume träumen und bereit sind, sie unter Schmerzen zu verwirklichen.«

»Ich liebe alte Häuser und konnte mir nie vorstellen, ein neues zu bauen ... doch ich kaufte immerhin auch ein Stück Land inklusive Bach und mit einem wunderbaren Blick.« Ihr neues Haus sollte das kulturelle Erbe Goas, die sich gegenseitig befruchtende Architektur Südindiens und Portugals widerspiegeln. Dafür betrieb sie sorgfältige Recherchen in Goa, besuchte zahllose alte Residenzen, um herauszufinden, was für das Klima Goas tatsächlich relevant ist. »Es ist absolut essentiell, sich alte Gebäude anzusehen. Wer hier baute, hat alles mit gutem Grund getan.« Das Haus, das Maria Van Damme wollte, sollte die indische Ästhetik integrieren, gleichermaßen jedoch auch einen klaren, modernen Lebensraum bieten. Was entstand, ist luxuriöse Großzügigkeit.

Gegenüber In einem der Badezimmer hängen zwei alte Spiegel aus Rajasthan, die Granitbecken wurden speziell angefertigt. Der purpurfarbene, goldgerandete Sari gibt dem Raum seine luftige Atmosphäre.

Oben links Der formelle Eindruck dieses Schlafzimmers entsteht durch das koloniale Himmelbett, die Überdecke mit dem Mogulmuster und die Teakholztür mit Lamellen und fächerförmigem Oberlicht. An der Wand lehnt ein Bild Krishnas aus Nathadwara. Nur das großzügig drapierte Moskitonetz bricht das Formelle.

Oben rechts Ein zusammengesetzter Blick in ein Schlafzimmer und das dahinter angrenzende Badezimmer. Dank der niedrigen Trennwand am Kopfende des Bettes kommt viel Licht und Luft in beide Räume. Der einzige Schmuck ist der alte Spiegel über dem Bett, in dem sich das üppige Grün des Gartens spiegelt.

Links In einem anderen Badezimmer wird der Eindruck von Großzügigkeit durch die marmornen Waschbecken auf der freistehenden viktorianischen Basis und die tief eingelassene Badewanne verstärkt.

Folgende Doppelseite Das tief liegende Bett wurde in die Mitte des Raums gerückt, der von der Natur selbst dekoriert wird, wenn das Licht durch die antiken Metall-*jalis* aus Rajasthan einfällt.

Danksagung

Viele Menschen haben mit unbezahlbarer Unterstützung und Rat bei der Vorbereitung dieses Buches geholfen. Abgesehen von jenen, die hier genannt werden, gab es noch andere, deren Hilfe um nichts weniger großzügig war: Jeder von euch hat mein Wissen erweitert und meine Indien-Erfahrungen bereichert, und ich bin euch allen unsagbar dankbar.

Ganz besonders danke ich Raseel Gujral Ansal und Navin Ansal von Casa Paradox, Delhi, die mir in den vergangenen fünfzehn Jahren so viel und noch viel mehr gegeben haben – ein Zuhause, in das ich jeden Tag zurückkehren konnte, Warmherzigkeit und moralische Unterstützung. Und der entzückende Imaan Ansal, ihr Sohn, hat niemals versagt, wenn es darum ging, einen wolkenverhangenen Tag sonnig werden zu lassen.

Danken will ich auch Jivi Sethi und Viki Sardesai für ihre Ermutigung, ihren Enthusiasmus und ihre großzügig weitergegebenen, wertvollen Kontakte.

Von Herzen danke Ravi und Uttara Sam, die mir halfen, mit den Füßen am Boden zu zu bleiben und für das beste zuhause gekochte Essen! Dank auch an Nethra und Senthil Kumar sowie an Alpana Khare und Bikram Grewal in Delhi.

Für ihre Gastfreundschaft danke ich Suzanne Caplan Merwanji in Mumbai; Maharaj Kumar Harshvardhan Singh und Yuvrani Priyadarshani Kumari aus Dungarpur; Kirti Kumari und Maharaj Daivat Singh in Mount Abu; Joerg und Txuku Drechsel vom Malabar House Hotel, Kochi; Sonali Purewal von Zen Space in Delhi; Kinny und Gogi Sandhu in Rudrapur; Bhuvan Kumari mit ihrem wunderbaren Gästehaus, The Cottage, oben in Joelikot; sowie Dimitri Klein und Emilie Thomas vom Dune Eco Hotel, Pondicherry.

»Praktischen« Dank an Vicky und Satish Luthra von S.V. Photography, Delhi, die sich um alles gekümmert haben, was ich als Fotograf gebraucht habe und eine unerschöpfliche Quelle für Filme waren, die in großen Mengen immer wieder sehr schwer aufzutreiben waren.

Über einen Zeitraum von über fünfundzwanzig Jahren haben mir Menschen Indien nahegebracht – ihnen allen bin ich zu großem Dank verpflichtet: Ramesh und Renu Mathur im Oman, Meera, Snehal, Ashish und Aditya Lakhia in Ahmedabad sowie Suresh und Rashmi Mathur in Ajmer.

Mein tief empfundener Dank auch an Katherine Morgan, Vizedirektorin der Mailänder Ausgabe des Magazins *Architectural Digest*, die mich vor über fünfundzwanzig Jahren erstmals nach Indien schickte und dann nie aufhörte, meine Arbeit zu verfolgen.

Dr. John Snelson war mir während all der Anstrengungen für dieses Buch die unverzichtbarste Unterstützung. Ich danke ihm für seinen unbezahlbaren kreativen Input und seine professionellen redaktionellen Fähigkeiten während ich den Text vorbereitete. Und schließlich danke auch meiner Mutter und meinem Vater: Dieses Buch wäre ohne ihre unverbrüchliche Unterstützung niemals fertig geworden.

H. W.

London, 2007